SUPPLÉMENT

AU

TRAITÉ DE SERRURERIE

ET

CONSTRUCTION EN FER

A[illegible]E CONCOURS DE

MM. BARBEROT, architecte; Léon [illegible]IVEAUD, ingénieur; COULAROU, ingénieur; MAZEROLLE, professeur [illegible]; LEPERCHE, ingénieur; GAVEAU, dessinateur; GUILLOT PELLETIER [illegible] et [illegible], constructeurs; SCHWARTZ et [illegible], constructeurs; Command[illegible] ESPITALLIER-WEHRLIN, ancien professeur de construction à l'École d'[illegible] de l'artillerie et du génie à Fontainebleau; GROU, dessinateur en ser[illegible]; E. BRANDT, ferronnier d'art.

L'ouvrage complet forme [illegible] 68 planches [illegible] la plupart en plusieurs couleurs accom[illegible] d'un volume de texte descriptif et explicatif orné d'[illegible] certain nombre de figures

DE[illegible] ÉDITION

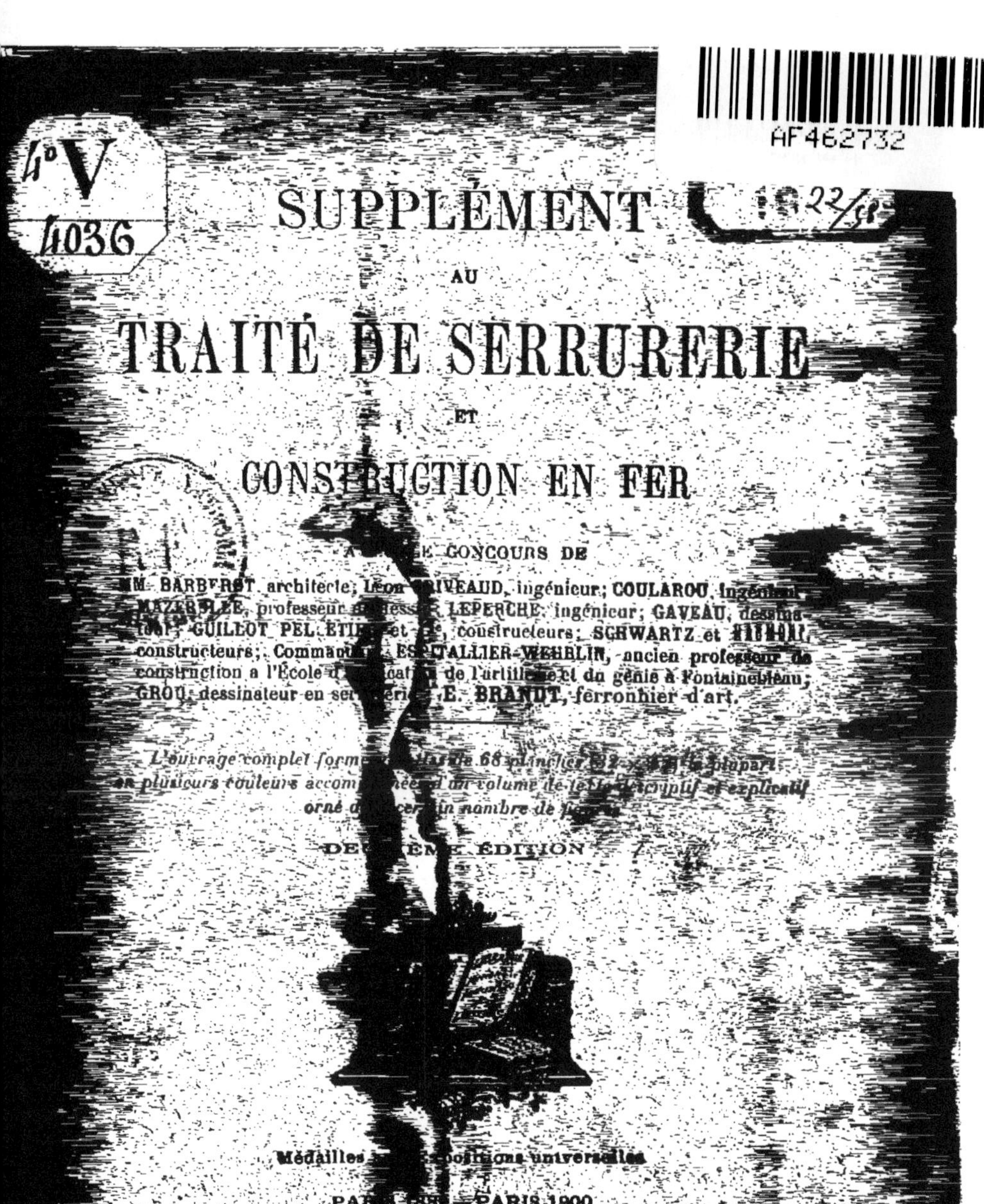

Médailles [illegible] universelles

PA[illegible] — PARIS 1900

H. VIAL, Édit[illegible] Successeur de Ch. JULIOT

[illegible], DOURDAN (SEINE-ET-OISE)

SUPPLÉMENT

AU

TRAITÉ DE SERRURERIE

ET

CONSTRUCTION EN FER

SUPPLÉMENT

AU

TRAITÉ DE SERRURERIE

ET

CONSTRUCTION EN FER

AVEC LE CONCOURS DE

MM. BARBEROT, architecte; Léon GRIVEAUD, ingénieur; COULAROU, ingénieur; MAZEROLLE, professeur de dessin; LEPERCHE, ingénieur; GAVEAU, dessinateur; GUILLOT PELLETIER et Cie, constructeurs; SCHWARTZ et MEURER, constructeurs; Commandant ESPITALLIER-WEHRLIN, ancien professeur de construction a l'École d'application de l'artillerie et du génie à Fontainebleau; GROU. dessinateur en serrurerie.

L'ouvrage complet forme un atlas de 68 planches (32 × 42) la plupart en plusieurs couleurs accompagnées d'un volume de texte descriptif et explicatif orné d'un certain nombre de figures

Médailles aux Expositions universelles

PARIS 1889 — PARIS 1900

H. VIAL, Editeur, Successeur de Ch. JULIOT
AVENUE DE PARIS, DOURDAN (SEINE-ET-OISE)

NOTA

Il n'est pas à douter qu'à notre époque l'on exécute des travaux d'art fort intéressants en serrurerie. Il faut bien reconnaître aussi qu'il en a été fait antérieurement de bien remarquables et tout particulièrement au XVIIIe siècle. C'est pourquoi nous tenons à mettre sous les yeux de nos lecteurs quelques beaux modèles de différents genres de travaux d'art dans notre texte, sans toutefois nous éloigner de notre programme.

Nous croyons utile de faire figurer aussi dans notre texte, quelques modeles de différents travaux de serrurerie exécutés par la Maison Schwartz et Meurer, ingénieurs constructeurs à Paris, qui a bien voulu nous fournir ces documents si intéressants pour nos lecteurs.

AVIS

Les prix indiqués dans ce volume, sont ceux d'avant-guerre, et approximatifs.

Il y aura lieu de tenir compée d'un coefficient en usage à l'époque de l'exécution des travaux.

Nous croyons utile de faire figurer aussi dans cet ouvrage quelques modèles de différents travaux de serrurerie exécutés par les maisons : Schwartz-Haumont et E. Brandt, ferronnier d'art, qui ont bien voulu nous fournir ces documents si intéressants pour nos lecteurs.

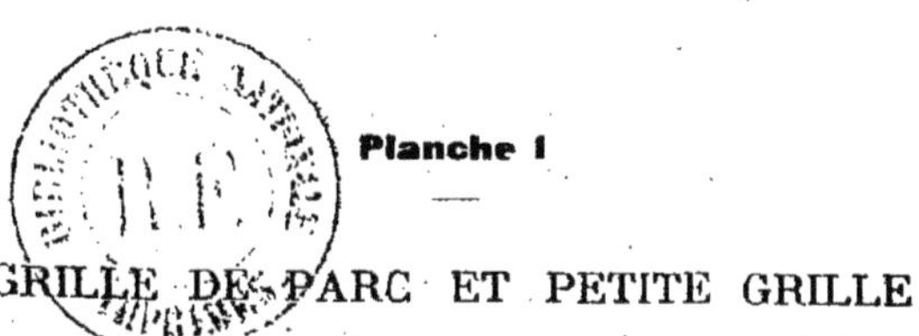

Planche I

GRILLE DE PARC ET PETITE GRILLE

La grille représentée ici est à deux vantaux et a 2m50 de largeur sur 3 mètres au linteau. Le couronnement est fixe et relie deux pilastres robustes en fer forgé recevant les grilles latérales qui sont fixes également.

La porte et les pilastres ont des soubassements en tôle de la hauteur du muret, avec cadres moulurés, plats en applique et rosaces.

Les barreaux, en fer forgé, sont carrés de 20 à 22 millimètres. Les montants, battements et traverses, sont en même fer plat 40 × 20, tandis que les traverses basses et montants pivots sont en carré de 40 millimètres. Le linteau est composé d'un fer plat 40 × 25 avec battement et moulure forte à l'extérieur, le tout recouvert d'un plat formant table et recevant le fronton en fer forgé. Ce fronton, dont les principaux fers sont en 30× 20. se compose de feuillages, feuilles et culots, en fer repoussé au marteau, et au sommet lance en fonte.

Les pilastres sont formés, comme il est indiqué sur le dessin, de forts montants 60 × 40 recevant les colliers de la grille ; ils descendent, avec leurs contreforts, profondément dans le sol (de 0m70 à 1 mètre). Les montants et contreforts de chaque pilastre sont solidement reliés à la base par des semelles en fer ⋃ et fer plat reposant sur une aire en béton, préparée à l'avance, et ils sont noyés dans un fort massif en maçonnerie après le réglage de la porte.

Les barreaux en fer forgé des pilastres auront même force que ceux de la porte. Le couronnement sera en fonte d'un profil quelconque et fondu sur commande d'après modèle en bois, avec noyau si la pièce est grosse ; réserver au moins un centimètre d'épaisseur pour la fonte. Au-dessus de ce couronnement, motif en fer forgé d'échantillon plus faible.

La fermeture de cette porte se fera au moyen d'une crémone à clef, bâton rond 20 millimètres, ou d'une serrure de sûreté avec verrous haut et bas à condamnation, suivant l'usage de la porte.

Le poids de la porte seule, sans les pilastres, serait d'environ **650** kilogrammes; son prix, *au déboursé sans bénéfice*, d'environ **800** francs.

Les pilastres pèsent environ **750** kilogrammes et coûtent environ **700** francs. Tous les prix dépendant de la main-d'œuvre et de l'outillage sont très variables, ils sont donnés à simple titre de renseignement.

Petite porte. — La porte représentée sur cette planche est à un vantail, avec soubassement en tôle de la hauteur du muret bahut qui est supposé à 0m80 de hauteur. La largeur de cette porte est de 1m10, elle est encadrée de chaque côté par un pilastre en fer forgé ; ces pilastres viennent se fixer, d'une part, dans des piles en pierre qui doivent être de dimensions en rapport avec l'importance de la porte, et, d'autre part, sur des montants fixés avec contreforts sur lesquels est ferrée la porte. Ces montants et leurs contreforts doivent descendre profondément dans le sol et être noyés dans un massif en maçonnerie ; ils doivent être, de plus, réunis par un patin robuste fer plat ou en fer U, reposant sur une aire en béton, préparée à l'avance.

Le fronton de la grille en fer forgé se compose de feuilles en tôle repoussée au marteau et d'une bombé en tôle martelée à une ou deux faces et fixée sur un cadre en fer plat cintré sur champ.

La fermeture de cette porte peut se faire par une serrure de sûreté fixée dans le panneau en tôle ou entre les traverses au-dessus de ce panneau. Le ferrage peut se faire au moyen de quatre paumelles, dont deux seraient placées à peu de distance et à la hauteur du dessus du panneau de tôle.

Le poids de la porte, compris les deux pilastres et les contreforts, est d'environ 370 kilogrammes.

Le prix approximatif, établi au déboursé sans bénéfice, serait de **425 francs.**

Ce prix, établi au déboursé sans aucun bénéfice, est approximatif et sans garantie, il dépend essentiellement du prix de la main-d'œuvre et du perfectionnement de l'outillage *(voir le détail page 149 du texte)*.

Pl. 2. — Grande grille pour propriété.
MM. Schwartz et Haumont successeurs de MM. Schwartz, Meurer et Bergeotte,

MM. Schwartz et Haumont constructeurs
Successeurs de MM. Schwartz, Meurer et Bergeotte.

Planche 2

PANNEAUX DE PORTE ET IMPOSTE EN FER FORGÉ

Fig. 1. STYLE LOUIS XVI. — Imposte. — Cadre en tableau, plat 20 × 11 vissé sur le cadre en bois. Consoles, plat 16 × 7. Médaillon section, composé de : 1 plat 20 × 11 et carré 9 vissé sur ce plat. Les 2 consoles sont placées au nu arrière du médaillon. Petits couronnements ; profil peu saillant à raboter. Petites volutes à plat sur le médaillon et couronnements en 14 × 5. Remplissage du médaillon fer 14 × 7 entaillé sur le cadre. Pieds du médaillon 14 × 7. Châssis ouvrant, fer raîné de 14 millimètres, 2 petites paumelles et 1 loqueteau.

Grand Panneau. — Cadre en tableau, plat 20 × 11, vissé sur le cadre en bois. Ornements en 16 × 9, 2 feuilles d'eau sur les consoles, 2 culots simple face au milieu. Colliers en 16 × 7 simple face. Boules ovales. Châssis arrière ouvrant, en fer raîné de 16 millimètres, 3 petites paumelles dans la hauteur, 1 loqueteau.

Fig. 2. STYLE LOUIS XV. — Imposte cintrée. — Cadre en tableau, plat 20 × 11 vissé sur le cadre en bois. Ornements, plat 16 × 9, 3 cabochons ronds en fonte, suivant modèle, pontet carré sous le collier simple face, à cause du châssis ouvrant arrière, 2 feuilles d'eau, 1 culot milieu simple face. Boules ovales. Châssis ouvrant arrière, en fer raîné de 14 millimètres, 2 paumelles, ferré sur la traverse horizontale en bois de l'imposte, 1 loqueteau.

Grand Panneau. — Cadre en tableau, plat 20 × 11 vissé sur le cadre en bois. Ornements principaux (angles, remplissage, milieu) 16 × 9, 2 coliers (celui de l'imposte est semblable) simple face, baguette à cliéneau Nozal 20 × 7, retours d'onglet. Le montant milieu, légèrement aplati à sa base sur le cadre. Cabochon semblable (en fonte) à ceux de l'imposte ; ces cabochons peuvent être en fer et tournés, 2 culots simple face. Petits remplissages de côté, plat 14 × 5. Boules ovales. Châssis fer raîné de 16 millimètres, 3 petites paumelles dans la hauteur, 1 loqueteau.

Œuf-de-Bœuf. — L'œil-de-bœuf, en général, peut être constitué avec des fers un peu plus légers, suivant qu'il est placé au ras du sol, faisant l'office de soupirail, ou qu'il se trouve à une grande hauteur (au-dessus d'une baie, par exemple). Dans le premier cas (comme pour le dessin, figure 3), les fers auront une section de 20 × 20 : dans le second cas, les fers pourront avoir 20 × 16 et 20 × 14.

Soupirail. — La figure 4 représente un soupirail fixe, exécuté dans les mêmes principes de construction robuste que celle de la figure 3. Placés près du sol, ces soupiraux sont appelés à supporter tous les chocs et les atteintes possibles.

Les montants ainsi que les traverses qui vont à scellement, devront avoir 0m035 à 0m040 de largeur pour une épaisseur de 0m020 à 0m025, les fers ronds auront de 0m020 à 0m025 de section. Les petits rinceaux en fers plats de 20 × 14 ou 20 × 11 constitueront, avec les bagues et les pontets en fonte, toute la décoration.

E. Brandt ferronnier d'art.

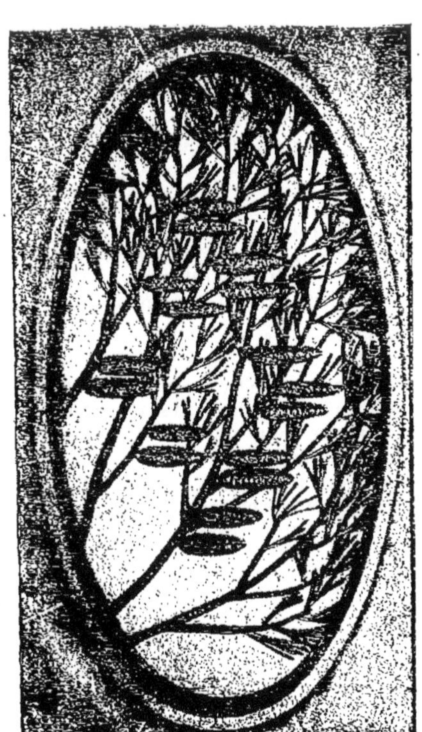

Planche 3

BARREAUDAGE

Les genres de barreaudages sont excessivement variés, depuis les simples barreaux droits en fer rond avec traverses en métal, jusqu'aux panneaux forgés, de style.

Les barreaux, lorsqu'ils sont forgés, se font généralement en fer carré de 20 millimètres, les traverses en plat 40 × 20, mais ces échantillons peuvent varier suivant les dimensions, l'effet décoratif ou la force que l'on veut obtenir. Dans tous les cas, l'écartement des barreaux pris entre fer ne doit jamais dépasser 0m13.

La figure 1 nous donne un exemple d'un panneau moderne tirant sur la Renaissance.

Impostes en fer forgé. — Notre planche représente différents modèles d'impostes en fer forgé.

Figure 1. — Imposte se plaçant dans l'huisserie d'une porte en bois.

Deux cadres parallèles en plat 25 × 16 maintenus entre eux par des boules en fonte rivées. Le plus grand cadre est vissé sur le bois.

Enroulements principaux et cercle du milieu en plat 25 × 16 comme les cadres. Volutes secondaires et motifs dans le cercle du milieu en 25 × 14, petites volutes en 25 × 11.

Derrière les cadres, dans une feuillure du bois, se trouve logé un châssis à glace ouvrant, en fer rainé de 16 millimètres, ferré à charnières, et fermeture loqueteau.

Figures 2 et 3. — Petite imposte allant sur bois.

Double cadre en 20 × 11 avec boules de contact fonte. Enroulements principaux 20 × 11, petites volutes 20 × 9 et 20 × 7.

Derrière, châssis à glace ouvrant en rainé de 12 millimètres.

Figure 4. — Imposte en fer forgé allant entre maçonnerie.

Cadre en 35 × 18 avec pattes à scellement 30 × 7. Enroulements principaux en 30 × 16, volutes intérieures du double noyau avec bagues fonte en 30 × 14, volutes sous ovale en 30 × 11. Grand ovale en 30 × 18, petit ovale 30 × 11, petites volutes et ronds 30 × 9.

Le monogramme peut être soit en fonte sur modèle bois ou découpé dans de la tôle d'acier doux. Aux points de contact des grands enroulements et de l'ovale, 2 pontets en fonte.

Châssis à glace derrière en fer rainé de 20 millimètres.

Pl. 4. — Grille de vestibule.
MM. Schwartz et Haumont constructeurs, successeurs de MM. Schwartz, Meurer et Bergeotte.

E. Brandt ferronnier d'art.

E. Brandt ferronnier d'art.

Pl. 11. — Grille d'intérieur et porte en fer forgé.

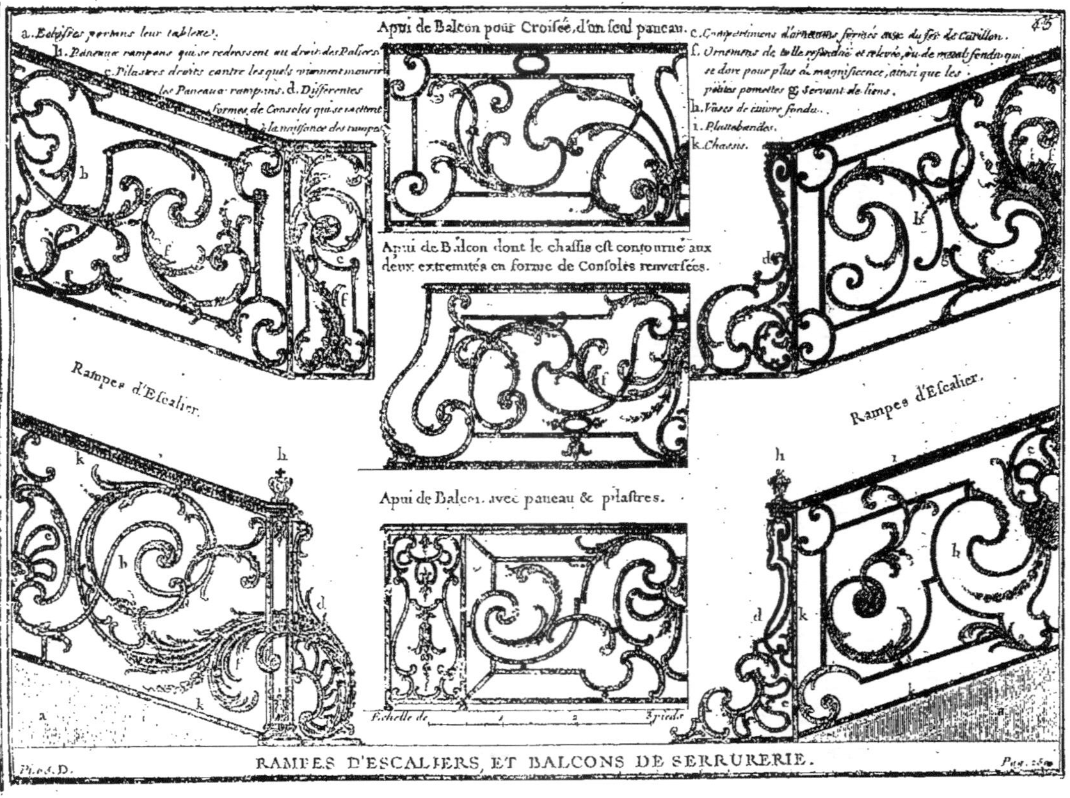

Pl. 36. — Reproduction ancienne, d'après D'Aviler (époque Louis XV)

Planche 4

RAMPES *(art nouveau)*

Les rampes d'escaliers ont généralement une hauteur de 1 m. comptée du nez de la marche au-dessus de la main courante. Les barreaux ou montants peuvent se fixer sur les marches, contre les marches ou bien sur les limons, suivant les dispositions figurées sur la planche 4.

Les montants sont en fer carré de 22 à 30 mm.; les traverses ont la même largeur que les barreaux et de 11 à 20 mm. d'épaisseur. Les mains courantes sont en bois ou en fer demi-rond, olive ou laminé, d'un profil plus ou moins riche, elles peuvent être également en cuivre ou en bronze.

Dans la figure 1, le barreau intermédiaire est en fer carré de 14 à 18 mm.; il se soude, en formant un nœud bien accusé, sur l'extrémité du barreau principal préalablement recourbé. Le pilastre de départ est en fer carré de 45 mm. environ.

Les motifs entre barreaux de la figure 2, sont également en fer carré de 14 à 18 mm.; aux croisements, les deux brins sont légèrement entaillés, de 1/3 environ, puis contournés, de manière à conserver des saillies qui accusent le mouvement du fer. Les ornements de chaque panneau sont fixés ensemble, sur les montants, à l'aide de deux colliers en fer méplat; le montant est entaillé à cet effet de toute la différence de son épaisseur avec celle des ornements; si les colliers n'ont que 4 ou 5 mm. d'épaisseur ils peuvent affleurer le montant.

Les remplissages des 2 dernières rampes sont en fer de 9 à 11 mm. d'épaisseur, contourné à plat dans la figure 3 et sur champ dans la figure 4.

Nous avons cru intéressant de fournir à nos lecteurs

quelques spécimens de travaux d'art et de style en serrurerie. C'est pourquoi nous avons emprunté au bel ouvrage publié par D'Aviler, quelques modèles dont nous avons illustré ce texte en plusieurs cas.

Nous donnons ici quelques modèles de rampes et balcons. Nous n'insisterons pas davantage pour faire connaître ces beaux travaux de l'époque Louis XV, nos dessins suffiront à montrer tout le parti que l'on peut en tirer.

Planches 5-6

—

CHARPENTE MIXTE — AUVENTS ET APPENTIS

1° **Auvent de 1 m. 350** (fig. 1). — Des fermes espacées de 2 m. 500 d'axe en axe se composent d'un arbalétrier en bois de 100 × 80 d'équarissage, d'un poteau également en bois et d'une contrefiche cintrée en fer à U de 80 mm.

L'assemblage de l'arbalétrier et du poteau est fait à mi-bois et est consolidé par deux fers plats 60 × 10 boulonnés, ces fers se prolongent dans le mur pour former scellement (fig. 3). A la partie inférieure le poteau repose sur l'âme du fer à U et est maintenu par deux goussets rivés sur les ailes. L'ensemble (fig. 1) nous montre que la contrefiche est reliée à l'arbalétrier au moyen de deux tôles de 6 mm. et se recourbe ensuite pour former support de gouttière (fig. 2).

La couverture en zinc sur solivage de 27 mm. d'épaisseur est supportée par trois cours de pannes 80 × 40.

2° **Auvent de 1 m. 400** (fig. 4). — Les arbalétriers placés tous les 2 m. 500 sont entaillés de 20 mm. pour donner une profondeur suffisante au chéneau placé contre le mur, nous les avons alors doublés d'un sous-arbalétrier également en bois de 100 × 80 d'équarrissage ; pour leur assurer une bonne assise contre la maçonnerie, les extrémités de ces arbalétriers sont garnies d'un fer à U de 80 mm.

La partie avant est soutenue par un tirant en fer rond de 16 mm. qui s'attache d'une part sur une tige à oreilles scellée dans le mur et, d'autre part, sur les ailes d'une cornière repliées à la forge (fig. 5). Sur les pannes en cornières $\frac{50 \times 30}{5}$ se boulonnent les fers à vitrage $\frac{30 \times 25}{4}$. Contre les arbalétriers (fig. 6) et disposés tous les 0 m. 60 dans chaque travée, des fers plats 60×8 scellés dans le mur et boulonnés contre la panne inférieure, viennent supporter le chéneau.

3° **Auvent de 2 m. 00** (fig. 7). — Dans l'exemple de la figure 7, l'arbalétrier en bois 100×80 d'équarissage est soutenu sur une partie de sa longueur par une console formée de cornières $\frac{35 \times 35}{4}$ avec cercle en fer à T de $\frac{40 \times 20}{4}$. Ces consoles qui peuvent se placer à trois mètres d'écartement sont scellées dans le mur par le prolongement des cornières. L'arbalétrier n'étant pas fixé dans la maçonnerie, nous l'avons assemblé sur les cornières supérieures de chaque console au moyen de boulons de 12 mm.

La couverture en zinc sur voligeage en sapin rainé de 32 mm. est supportée par des pannes en cornières $\frac{50 \times 50}{7}$, les pannes intermédiaires devant recevoir le vitrage sont formées d'un fer T ou de deux cornières $\frac{60 \times 40}{6}$ rivées en forme de Z suivant leurs ailes les plus larges (fig. 8). Les fers à vitrage de $\frac{30 \times 25}{4}$ sont disposés tous les 0 m. 300 environ.

Sur les figures 9 et 10, nous avons représenté deux sections transversales des fers de console.

4° Auvent de 2 m. 800 (fig. 11). — Cette forme d'auvent se compose d'un arbalétrier en bois de 100 × 80, de deux contrefiches également en bois de 80 × 80 d'équarissage, de 4 montants en cornières $\frac{40 \times 30}{4}$ et d'un tirant légèrement cintré en cornières de même échantillon. Le scellement se fait au moyen des cornières inférieures et à la partie supérieure avec un fer d'ancrage de 30 mm. de diamètre, boulonné entre deux goussets de 10 mm. fixés sur l'arbalétrier et rivés sur le montant placé contre le mur.

Les contrefiches assemblées à tenon avec l'arbalétrier sont de plus maintenues entre les cornières moisées par des boulons, elles appuient à leur partie inférieure contre des équerres en cornières $\frac{50 \times 50}{6}$ qui réunissent les ailes de l'entrait.

Les figures 12, 13 et 14 nous donnent les détails de construction de ces divers assemblages.

Les cornières montants se prolongent au-dessus de l'arbalétrier pour recevoir les pannes en fer à U de 60 mm. maintenues contre les ailes par de petits boulons.

La panne de rive est en fer à U de 120 mm. de hauteur elle est fixée sur l'arbalétrier par une équerre en fer forgé et sur les ailes verticales des cornières que l'on replie intérieurement. Nous avons indiqué cette construction ainsi que la liaison de l'arbalétrier et de l'entrait sur les figures 15 et 16.

Ces fermes se disposent ordinairement à 3 m. 00 ou 3 m. 50 d'écartement d'axe en axe.

5° Auvent de 1 m. 300 (fig. 17). — Au lieu de soutenir l'arbalétrier par un tirant comme nous l'avons fait dans un exemple précédent (fig. 4), nous pouvons au contraire le supporter par une console placée contre le mur. Cette console composée d'un fer à U, de fers à T et d'un remplissage en fer plat 30 × 5 est scellée dans la maçonnerie et l'arbalétrier lui, est fixé au moyen de boulons de 14 mm.

La couverture en zinc sur voligeage repose sur les arbalétriers par l'intermédiaire de pannes en cornières ou fers à T de 40 mm.

6° **Appentis de 4 m. 000** (fig. 20). — Cet appentis a 4 m. 00 de portée à compter du mur à l'axe des poteaux, il est entièrement vitré.

Des arbalétriers en madriers 200 × 80 ont leurs arêtes inférieures moulurées, ils sont ancrés dans le mur (fig. 23) et reposent en avant sur une poutre en caisson formant chéneau sur laquelle ils s'assemblent au moyen d'équerres forgées ; un tirant en fer rond de 20 mm. de diamètre scellé dans le mur et vissé sous l'arbalétrier annule la poussée. Les pannes 160 × 60 assemblées contre l'arbalétrier sont fixées par des équerres boulonnées (fig. 24).

Les fermes ainsi formées se placent à 3 m. 00 d'écartement ; tandis que le chéneau ne trouve ses points d'appui que tous les 6 m. 00, il y a donc une ferme intermédiaire dont les éléments seront semblables à ceux de la ferme que nous venons d'étudier, mais pour laquelle il n'y aura pas de consoles en fer à T $\frac{40 \times 40}{5}$ telles que nous les représentons sur les figures 21 et 23.

Le chéneau composé de tôles de 8 mm. d'épaisseur et de cornières $\frac{40 \times 40}{5}$ supporte les fers à vitrage, ses parois verticales sont entretoisées tous les mètres par des cornières $\frac{30 \times 30}{4}$.

Les poteaux en bois à arêtes chanfreinées ont 150×150 d'équarrissage, ils portent, boulonnés à leur partie supérieure, des colliers en cornières $\frac{80 \times 80}{9}$ rivées sous la semelle du chéneau. Dans le dessin et en exécution, on cache ces colliers sous des moulures en bois.

La figure 22 nous montre enfin que la paroi verticale est fermée par un vitrage dont les montants en fer à T $\frac{30 \times 30}{4}$ s'appuient sur une cornière $\frac{35 \times 35}{4}$ rivée sous la poutre formant chéneau.

7° Appentis de 5 m. 00 (fig. 25). — Lorsque l'arbalétrier a une trop grande longueur par rapport à ses dimensions transversales, on crée un point d'appui intermédiaire avec une contrefiche et on réunit le pied de l'arbalétrier et celui de la contrefiche par un tirant. Nous avons appliqué cette disposition à un appentis de 5 m. 00 de portée dont les fermes sont espacées de 3 m. 00 d'axe en axe.

L'arbalétrier de 160 × 80 d'équarissage repose sur une fourrure en bois (fig. 26) et est maintenu contre le mur par des cornières $\frac{70 \times 70}{9}$ boulonnées et scellées dans la maçonnerie. Le pied de cet arbalétrier porte sur l'âme d'un fer à U de 80 mm. qui sert d'attache au tirant et se recourbe pour soutenir la panne de rive en 100 × 80 (fig. 30); sur les ailes de ce fer sont rivés deux goussets de 8 mm. d'épaisseur qui permettent l'assemblage avec le poteau en fer à double T de 100 mm. au moyen de fourrures en sapin; les sections UV et *xy* (fig. 31 et 32) donnent les détails de construction.

La contrefiche assemblée sur l'arbalétrier (fig. 27) porte contre le mur par l'intermédiaire d'un sabot (fig. 29) formé d'un fer à U de 80 mm., scellé dans la maçonnerie, sur les ailes duquel sont rivées des tôles et cornières.

Le tirant en fer plat 40 × 6 est soutenu en son milieu par une aiguille pendante de 14 mm. de diamètre; il est en deux parties réunies par des couvre-joints forgés pour laisser passer le poinçon (fig. 28) et ses extrémités sont retournées sur plat pour faciliter l'assemblage sur l'âme des fers à U.

La couverture en zinc est supportée par un voligeage en sapin rainé cloué sur quatre cours de pannes.

Planches 7-8

—

CHARPENTE MIXTE — FERMES DIVERSES

1° Ferme de 8 m. 000 (fig. 1). — Ces fermes s'établissent le plus souvent en bois, mais si nous employons le fer dans les pièces soumises à des efforts de traction, nous obtenons une plus grande légèreté d'aspect, un emploi plus rationnel des matériaux sans cependant rien changer aux assemblages. C'est ainsi que les arbalétriers en bois de 200 × 80 d'équarissage s'assemblent au sommet sur un faux poinçon en bois de 150 × 80 (fig. 2) et portent au pied sur un faux entrait de mêmes dimensions qui repose sur une sablière 200 × 120 (fig. 4). L'assemblage de la tête de la contrefiche 150 × 80 (fig. 3) n'est en rien modifié et les pieds de ces contrefiches viennent butter sur un bout de poinçon que nous avons conservé (fig.5). Le poinçon a été remplacé par une aiguille en fer rond de 18 mm. dont les extrémités se fixent au moyen de boulons entre deux fers plats coudés et de forme que nous avons représentés sur les figures 2 et 5; le tirant en deux morceaux est fait en fer rond de 24 mm. de diamètre et assemblé sur le faux entrait comme nous l'avons indiqué (fig. 4).

Les pannes 180 × 80 reçoivent les chevrons 80 × 80

qui sont reliés aux extrémités par une cornière $\frac{60 \times 60}{7}$ vissée sur les faux-entraits (fig. 4).

L'espacement d'axe en axe des fermes est de 3 m. 00.

2° **Ferme de 12 m. 000** (fig. 6). — Comme second exemple de ferme mixte, nous donnons sur la figure 6 l'ensemble d'une ferme de 12 m. 00 de portée établie sur poteaux en bois de 250 × 250 d'équarissage. Ces fermes dont l'écartement peut atteindre 4 m. 00 se composent de deux arbalétriers 250 × 120 reliés à une hauteur par un entrait en moises 200 × 60 sur lequel on fixe une aiguille pour soutenir le tirant inférieur.

Au faîtage, l'assemblage des arbalétriers est fait à mi-bois et consolidé par deux plaques forgées de 8 mm. d'épaisseur (fig. 8). Les moises d'entrait entaillées de 10 mm. sont boulonnées sur les arbalétriers entaillés également de 10 mm.

Les poteaux 250 × 250 placés tous les 4 m. 000 comme les fermes supportent une sablière 250 × 220 (fig. 7) sur laquelle repose chaque arbalétrier ; l'assemblage est complété par une console en cornières $\frac{50 \times 50}{6}$ avec âme de 7 mm. et par deux cornières $\frac{65 \times 65}{6}$ boulonnées sur l'arbalétrier et la sablière. Ces cornières coudées et contre coudées à la forge permettent l'attache du tirant en fer rond de 30 mm.

Ce tirant, en deux parties reliées par deux fers plats forgés, est soutenu au milieu par un poinçon aiguille de 24 mm. de diamètre qui traverse une fourrure en bois placée entre les moises d'entrait comme nous l'avons représenté sur la figure 10.

A la partie supérieure du comble est disposé un lanterneau vitré de 2 m. 00 de largeur entre montants. Chacune des fermettes de ce lanterneau comporte deux montants de rive en fer à T $\frac{45 \times 45}{5}$, un montant intermédiaire en deux cornières $\frac{40 \times 40}{5}$, deux arbalétriers en fer à vitrage $\frac{45 \times 45}{4}$ et un entrait formé d'une seule cornière $\frac{45 \times 45}{5}$ assemblée avec équerres sur les montants de rive et boulonnée sur celui du milieu.

La figure 9 représente l'assemblage d'un montant sur l'arbalétrier de la ferme au moyen d'une panne en fer à U de 80 mm. vissée et contre laquelle on boulonne la panne en bois du faîtage avec interposition de fourrures en bois; les figures 11 et 12 donnent les autres détails de construction de ce lanterneau.

La couverture en tuiles repose sur des chevrons 80×80 cloués sur 5 cours de pannes 200 × 100.

3° **Ferme de 18 m. 000** (fig. 13). — La disposition adoptée pour cette ferme est un peu différente de celles que nous avons examinées jusqu'à présent; les deux arbalétriers, au lieu de conserver leur direction primitive pour former faîtage, se retournent horizontalement et en chacun des sommets on met une aiguille pour soutenir l'entrait.

Le comble est formé par des fermes semblables écartées de 4 m. 00 d'axe en axe, il est surmonté d'un lanterneau vitré et est couvert en zinc sur voligeage en sapin cloué sur des pannes 200 × 80.

Chaque ferme repose sur des poteaux métalliques de forme spéciale et dont nous allons étudier la composition.

Ce sont des poutres en forme de caisson, de 250 mm. hors semelles et de 165 mm. hors âmes, établies avec des cornières de $\frac{50 \times 50}{6}$ et des larges plats de 7 mm. d'épaisseur; les cornières placées extérieurement sont préalablement rivées sur les âmes. A la partie supérieure ces colonnes s'élargissent de façon à former consoles (fig. 14) et reçoivent un fer à U coudé sur lequel vient appuyer le pied de l'arbalétrier que l'on fixe avec des boulons, ce fer à U sert également à attacher les deux cornières $\frac{50 \times 50}{7}$ du tirant. Pour réunir les poteaux et supporter le chéneau nous avons boulonné sur les faces extérieures des colonnes une longrine en bois de 200 × 100.

Les arbalétriers de 300 × 150 d'équarissage sont reliés par une pièce de mêmes dimensions et l'assemblage comporte deux couvre-joints de 10 mm. d'épaisseur placés sur les faces latérales, un couvre-joint de 8 mm. à la partie supérieure et une console en cornières $\frac{50 \times 50}{6}$ avec âme de 6 mm. qui raidit le tout et permet l'attache des aiguilles en fers plats 50 × 7 (fig. 15).

Sur la figure 16 nous avons représenté l'assemblage des cornières de tirant avec une aiguille pendante au moyen d'un gousset de 7 mm. d'épaisseur, ce gousset peut être boulonné ou rivé sur l'une des parties du tirant.

Les pannes qui supportent le voligeage sont en bois, cependant celles placées contre les montants du lanterneau se font avec de petites poutres à treillis de 170 mm. de hauteur composées de cornières $\frac{50 \times 50}{6}$ et de fers plats 40 × 8. Les montants du lanterneau en cornières $\frac{50 \times 50}{6}$ sont disposés tous les deux mètres et reliés par une cornière de rive $\frac{50 \times 50}{7}$; au milieu de l'arbalétrier horizontal un montant intermédiaire en cornières $\frac{60 \times 60}{7}$ vient supporter le faîtage sur lequel s'appuient les fers à vitrage $\frac{50 \times 40}{6}$ au nombre de 12 environ par travée.

4° **Ferme de 19 m. 000** (fig. 17). — Dans la première partie de cet ouvrage nous avons donné un exemple de ferme américaine avec entrait horizontal, mais on peut gagner une certaine hauteur en surélevant ce tirant ainsi que nous le représentons sur la figure 17 pour une ferme de 19 m. 00 de portée dans œuvre.

L'arbalétrier en bois 250 × 100 d'équarissage repose sur un sabot en tôles et cornières dont nous donnons une vue dans le détail N (fig. 18) et une section *cd;* ce sabot se termine en avant par une console qui supporte le chéneau.

Au sommet les arbalétriers sont entaillés de 54 mm. et assemblés avec interposition d'une fourrure en tôle de 8 mm. sur laquelle on fixe les cornières $\frac{50 \times 50}{6}$ de l'aiguille du milieu; la figure 20 montre que ces cornières sont rivées chacune d'un côté de la tôle.

Le détail R (fig. 22) représente l'assemblage de ce même poinçon avec les cornières de tirant et les pieds des contrefiches du milieu; ces contrefiches en bois sont formées de deux moises 150 × 60 et boulonnées sur le gousset de 8 mm. d'épaisseur.

Les poinçons intermédiaires sont formés de deux cornières $\frac{45 \times 45}{5}$ et assemblés avec l'endroit et les pieds des contrefiches de la même façon que nous venons de le voir et comme d'ailleurs nous l'avons indiqué sur la figure 21.

Les contrefiches moisées se prolongent au delà de l'arbalétrier pour supporter les pannes, leur section transversale n'est pas diminuée; mais à leur passage l'arbalétrier est entaillé de 20 mm. Entre ces moises et avec interposition de fourrures en bois pour racheter le manque d'épaisseur, on a boulonné un gousset de 8 mm. rivé lui-même entre les deux cornières du montant.

La ferme est divisée en panneaux de 1 m. 900 de largeur horizontale, le sommet des arbalétriers est placé à 5 m. 300 du dessus des murs et l'entrait est surélevé au milieu de 1 m. 400.

L'écartement d'axe en axe de ces fermes est de 4 m. 500 et les pannes 200 × 100, disposées au droit de chaque montant, permettent de poser le voligeage double de la couverture en zinc.

Planches 9-10 et 11

JARDIN D'HIVER ET SERRE HOLLANDAISE

(*Exposition Universelle de 1900*)

MM. Guillot-Pelletier Fils et Cie, constructeurs à Orléans

Le jardin d'hiver monté sur une murette en briques de 0,22 d'épaisseur est composé de deux parties dont l'une, vitrée est la principale et l'autre, décorative comprend les colonnes en fonte et les motifs forgés placés au-dessus et entre celles-ci. Dans le cas actuel les colonnes ne sont que secondaires. Elles soutiennent il est vrai le chéneau et quelques-unes servent de descentes d'eaux pluviales mais il eût été très facile de ne pas en faire usage en fixant directement les consoles du chéneau sur les montants de vitrage placés derrière elles et qui constituent les réels appuis du jardin d'hiver, si on avait cherché à agrémenter les lignes formées par l'ossature qu'elles cachent. De plus elles permettent de placer les rinceaux qui sont au-dessus de leurs chapiteaux et qui sont les principaux motifs de décoration.

Derrière les colonnes, les montants sont en fer méplat de 60 × 30 avec de chaque côté une feuillure à vitrage moulure pour recevoir la glace verticale. Le mastic est remplacé ici par un fer carré de 11 mm. qu'on visse à l'arrière de la feuillure en ne laissant que juste l'épaisseur de la glace. Comme on le voit dans la coupe par l'axe de la planche d'ensemble les montants sont cintrés à leur partie supérieure et ils portent une poutrelle de 0,300 de hauteur, à treillis, formée de cornières 40 × 40 et de treillis rivés en 40 × 5. C'est cette poutrelle qui entretoise les montants en même temps qu'elle reçoit les consoles du chéneau supérieur.

Le chéneau inférieur est fixé contre et en avant des montants. Il est soutenu comme il a déjà été dit par les colonnes qui portent une petite console de fonte vernie avec elles.

Le bandeau vertical sous le chéneau est formé de châssis dont les feuillures reçoivent des panneaux de faïence à l'extérieur. A l'intérieur de la construction la faïence est remplacée par une tôle de 5 mm. d'épaisseur avec cadres en fer plat 40 × 7 rapportés.

Cette tôle est démontable pour la mise en place de la faïence emboitée entre les cornières 40 × 20 qui font feuillure, l'une est rivée sous le fond du chéneau et l'autre sur la table horizontale de 5 mm. qui tient la partie haute du vitrage.

Le chéneau de la partie supérieure est fixé de façon analogue à celui du chéneau inférieur. La décoration en est faite par des moulures en haut, et en bas par des tôles verticales, des palmettes en tôle repoussée et des rosaces aussi bien dans le jardin qu'à l'extérieur. Comme force des fers, les faces verticales et les fonds sont en tôle de 5 mm. d'épaisseur assemblées par des cornières 40 × 40/4. Les faces intérieures sont bordées par un fer plat 30 × 11 sur lequel sont vissés les chevrons cintrés du vitrage.

Tous les chevrons sont en T 25 × 30.

Pour assembler la tête des chevrons de la croupe supérieure, on a entaillé le faîtage en plat de 60 × 30 pour y visser une rondelle de 7 mm. d'épaisseur qui réunit tous les chevrons.

La partie basse de l'épi placé à chaque croupe est formée d'une tige filetée de 10 mm. de diamètre qui traverse la rondelle, le faîtage en fer plat et reçoit enfin un culot ou pendentif en fonte qui forme-écrou.

Des coupes verticales et horizontales donnent la façon dont est constituée la porte d'entrée du jardin. Soubassement en tôle de 5 mm. rivé dans une cornière 30 × 30 avec fer carré de 20 mm. à l'arrière, moulures sur la face avant, cadres en fer plat 40 × 7 sur la face arrière, traverse basse en fer U 60 × 30 et reste du cadre en plat de 50 × 20. La fermeture est assurée par deux verrous placés sur le vantail fixe et un bec de cane Gollot à clef sur celui ouvrant.

Les chevrons de l'abri de la porte d'entrée sont en T 25 × 25 et inclinés vers la porte. Les eaux de pluie sont reçues par un fer en U 120 × 60 qui tient la largeur de l'abri, mais ne sont pas conduites en raison du peu de surface de celui-ci, elles tombent directement sur le sol par des tubes légèrement cintrés vers le dehors.

La planche **11** fournit les détails nécessaires à la construction des planches 9 et 10. Les cotes et indications sont indiquées à chaque figure, ce qui nous dispense d'entrer dans de plus amples détails.

Planche 12

VÉRANDAH D'ENTRÉE

Ces constructions sont des sortes d'annexes placées devant les portes d'entrée des habitations pour former tambour et les protéger contre les intempéries extérieures.

Plus importantes, elles peuvent servir de vestibule et recevoir un ameublement approprié et des plantes vertes ornementales.

Leurs dimensions et formes peuvent varier à l'infini suivant les exigences du terrain, l'aspect et la richesse désirés ; il en est de même de la décoration.

Ces vérandahs sont, le plus souvent, placées sur des perrons élevés de quelques marches et parfois suivent les limons de l'escalier dont elles épousent le rampant pour venir se terminer par une porte à un ou deux vantaux, s'ouvrant à l'extérieur au niveau du sol. Lorsque la porte se trouve sur le perron, elle s'ouvre à l'intérieur de la construction, comme dans l'exemple que nous donnons figure 1. Dans cet exemple, le soubasssement est en maçonnerie, mais il peut se faire en tôle ; le comble est constitué par un chêneau mouluré avec appliques en fer plat décoratives, recevant les eaux du comble à 2 croupes, formés de chevrons en fer **T**, à vitrage. Au-dessous du chêneau, une frise en tôle, avec cadre mouluré, qu'on peut au besoin supprimer, soit par raison d'économie, soit pour augmenter le jour, ou, enfin, si on manque de hauteur, pour placer la construction. Une imposte décorative avec motifs en fer forgé ; au milieu, en façade, branches de lauriers ou autres feuillages. Sur le pourtour, 8 pilastres, composés de doubles montants en fer plat et garnis de remplissages forgés. On peut disposer devant les montants des colonnettes en fer creux, garnies de chapiteaux et embases, si on veut augmenter la richesse de la construction. Frises haute et basse formant cadre avec les pilastres. En façade, une porte à 2 vantaux, s'ouvrant à l'intérieur, avec soubassement en tôle, garni de moulures en appliques sur les deux faces. Au-dessus de la porte, une marquise avec chéneau à l'arrière et bandeau moulurés, soutenue par deux consoles en fer forgé, avec feuillages s'appuyant sur les montants de la porte.

La figure 2 représente la coupe verticale dans l'axe de la vérandah, sur laquelle on voit le côté, le détail des chéneaux et une console de marquise.

Le prix de cette construction, comprenant la *serrurerie seule*, la pose sur place et le minium, serait d'environ **1.400 francs**, *sans frais généraux ni bénéfices.*

Ce prix est donné sans garantie et à titre de simple indication.

Détails.— La figure 1 représente la coupe verticale générale faite au droit de la porte et donnant le détail de la composition du chéneau du comble, ainsi que celui de la marquise et de son bandeau. Les moulures du commerce peuvent être choisies par le constructeur. La saillie de la marquise sera déterminée au gré du client et suivant l'avancée des marches de l'escalier.

La figure 2 donne la coupe du vitrage au-dessus du bahut. La hauteur de ce bahut en maçonnerie n'est pas immuable et doit rester à peu près dans les proportions de notre dessin en élévation. Il importe, toutefois, que la hauteur du soubassement en tôle de la porte soit déterminé de façon que le vitrage commence à la même hauteur sur la porte que sur les bahuts, comme il est indiqué par une ligne de rappel en ponctué.

La figure 3 du texte, page 28, montre l'aspect du chéneau et de la frise métallique au droit d'un pilastre.

La figure 4 ci-contre représente les consoles en tôle découpée et petites cornières placées au droit des poteaux d'angle de la construction.

Enfin, la figure 5 donne une coupe horizontale de la moitié de la vérandah dans le vitrage. La porte s'ouvre à l'intérieur, le système de fermeture sera composé d'une serrure de sûreté avec béquille double et verrous haut et bas placés en feuillure. On peut, si on le juge nécessaire, placer des petites croisées sur les côtés ou sur façade pour donner de l'air sans ouvrir la porte.

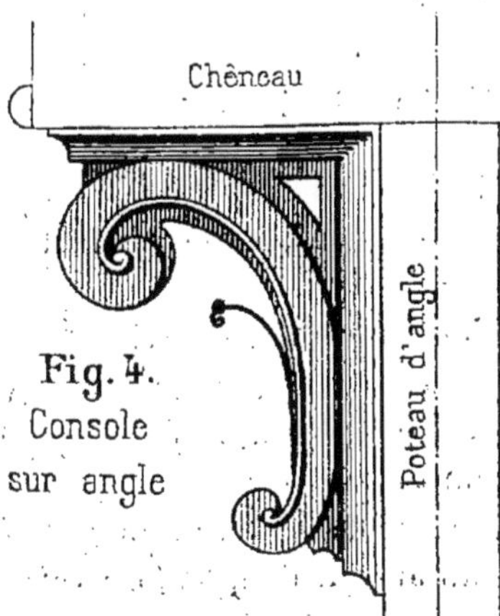

Fig. 4. Console sur angle

Contre le mur, le calfeutrément peut se faire au plâtre ; si le mur est en plâtre, on peut également engraver légèrement le fer ᑌ dans le nu du mur.

Les montants descendront à quelques centimètres au-dessous du sol intérieur de la vérandah.

Fig. 3.
Elévation sur Chêneau

Planche 13

PLANCHER AVEC CHASSIS VERRE DALLE

Les chassis verre dalle (fig. 2) s'emploient lorsque l'on veut éclairer des sous-sol, caves, passages, et en général toutes les pièces sans jour.

Ils se composent d'un cadre en fer cornière, divisé en compartiments ayant la forme de carrés, rectangles, losanges ou autres, formés par des fers à simple T.

Le cadre repose, soit directement sur les poutres ou solives ; soit par l'intermédiaire de calles en fer ; il peut y être simplement posé ou fixé, au moyen de quelques vis à métaux.

La figure 2 représente le plan d'un plancher ordinaire,

hourdé en plâtre et platras, avec un chassis verre dalle; les solives et chevètres, recevant le cadre du chassis, sont en fer à double I larges ailes, afin d'avoir une plus grande largeur pour recevoir le cadre.

Les figures 4, 6, 7 représentent un cas d'assemblage des cornières du cadre, des traverses sur ce cadre et des traverses entre elles; les figures 5, 8, 9 représentent un autre mode d'assemblage des mêmes pièces, il est plus gracieux, mais il a le désavantage de diminuer la lumière.

On peut aussi faire un autre genre d'assemblage qui consiste à faire dépasser la côte du fer pour la river sur la cornière, puis river ces côtes entre elles à leur rencontre dans les assemblages milieu; mais ce travail est plus compliqué.

Les dalles en verre que l'on place dans les différents compartiments, ont des dimensions qui varient, de 0 m. 250 à 0 m. 500 sur 40 à 60 mm. d'épaisseur; elles doivent laisser passer la lumière, mais empêcher de distinguer les objets au travers; elles doivent, en outre, présenter une surface un peu rugueuse pour éviter de glisser dessus.

Elles se placent dans les chassis, de deux façons différentes:

1° On met une couche de mastic, de ciment, ou de toute autre matière tout autour des fers dans la feuillure qu'ils présentent; puis on y scelle les dalles.

2° On interpose entre les dalles et les fers des chassis, de petits tasseaux en bois qui peuvent être moulurés dans les parties vues, puis on y scelle les dalles comme il est dit plus haut.

Les chassis doivent être organisés de façon à ce que les dalles viennent affleurer le dessus du parquet.

Pour les autres systèmes de planchers en fer, nos lecteurs voudront bien se reporter à la première partie de cet ouvrage où ils trouveront les renseignements nécessaires pour ces genres de travaux.

Planches 14-15

—

PAVILLON CARRÉ

Coupes et assemblages des arêtiers et des pannes

Ce pavillon, dit « carré » parce que les angles sont à 90°, est établi sur un plan ABCD dessiné à l'échelle de quatre centimètres par mètre ; la largeur du bâtiment est de 6 m. hors œuvre.

La ferme principale recevant les arêtiers est placée à 2 m. 50 de la face BC ; la croupe BHC sera donc plus rapide que les longs pans.

La figure 1 représente l'élévation de la ferme principale, la ligne de naissance des abouts des dessus des chevrons est à 1 m. au-dessus du plancher, et le couronnement à 1 m. 75 au-dessus de cette ligne.

Après avoir élevé la perpendiculaire LK, par le milieu du bâtiment et marqué la hauteur du faîtage (2 m. 75) au-dessus du plancher, on tire les diagonales KI et KJ représentant le dessus des chevrons en fer T de 5 cm., l'âme placée en contre haut, les ailes étant destinées à recevoir la couverture ; les arbalétriers et jambes de force seront en fer double T ordinaire de 16 cm., assemblés entre eux au faîtage et avec les jambes de force au moyen de plaques en tôle de 9 mm. d'épaisseur découpées suivant les arcs indiqués.

Ces arbalétriers et jambes de force ont été au préalable ouverts à chaud au moyen de trous percés à la naissance des cintres, fendus à la tranche, ajustés ensuite suivant les arcs indiqués et reliés avec les deux plaques au moyen de rivets comme l'indique le dessin.

On fixe ensuite les pannes au milieu des chevrons, on tire la ligne de niveau MN, qui sera placée à la même hauteur dans les élévations de la demi ferme et des arêtiers.

La figure 2 représente l'élévation de la demi ferme HG en plan ; les dimensions des chevrons, arbalétrier et jambe de force sont les mêmes que pour la ferme principale ; la ligne de naissance des chevrons et le faîtage sont respectivement à 1 m. et à 2 m. 75 au-dessus du plancher.

Les jambes de force de la ferme principale s'assemblent entre les deux fers double T, larges ailes de 20 cm. composant l'entrait qui porte les extrémités des solives, tandis que la jambe de force de la demi-ferme vient s'assembler sur une plaque en tôle de 11 mm. d'épaisseur et 18 cm. de largeur, portant par ses extrémités sur deux solives du plancher comme nous l'avons représenté dans le plan au pied de la demi-ferme en G.

La ligne de niveau MN des pannes (fig. 1) se place à la même hauteur dans la demi-ferme (fig. 2) et fixe l'emplacement de la panne ; l'assemblage de l'arbalétrier avec sa jambe de force est le même que celui de la ferme principale.

L'élévation d'un arêtier est représenté par la figure 3 ; la ligne de naissance des abouts de chevrons toujours à 1 m. au-dessus du plancher, la hauteur totale étant la même que pour la ferme principale, comme on peut le voir par les lignes partant de cette ferme et ramenées par des arcs de cercle sur l'élévation de cet arêtier. Le chevron d'arête est en fer T de 18 cm. ; les assemblages sont semblables à ceux des autres fermes.

Les arêtiers s'assemblent au faîtage sur la ferme principale et la demi-ferme au moyen de goussets en tôle de 9 mm. d'épaisseur coudés à 45° par rapport aux arbalétriers, comme on peut le voir en plan au point H et sur ses goussets par des équerres cornières de 6 cm.

La figure 4 représente ces assemblages en perspective à l'échelle de dix centimètres par mètre.

La herse ou développement de la demi-croupe et d'un long pan représentée par la figure 5, permet de tailler les chevrons et leurs pannes sur leurs champs.

Pour former cette herse, on prend la longueur du chevron de long pan (fig. 1) KJ que l'on porte (fig. 5) en K'J'; au point J' on fait un trait carré sur lequel on porte la longueur de la sablière en plan du long pan FC de J' en C', on joint K' à C' qui sera l'arêtier dont la longueur vérifiée sera égale à son élévation (fig. 3) *ab*.

Pour la croupe, on prend la longueur du chevron de demi-ferme (fig. 2) K'G' que l'on porte en herse (fig. 5) de K' en G', puis la longueur de la sablière en plan CG portée en herse de C' en G', on espace les chevrons de 45 à 50 cm. suivant les couvertures; on fixe les pannes en herse à leur place respective prise sur chaque chevron de long pan de K en N rapportée de K' en N', et en croupe (fig. 2) de K' en O rapportée de K' en O' parallèlement aux sablières; on place des fausses équerres, ou sauterelles, les manches dirigés suivant les pannes, et les lames suivant la direction de l'arêtier en herse K'C'; ces fausses équerres serviront à tracer les pannes de croupe et de longs pans sur le lattis, c'est-à-dire sur champ.

Pour obtenir les fausses coupes de ces pannes sur le plat, au point M (fig. 1) on représente la section de la panne et on prolonge le trait carré jusqu'à la rencontre de la ligne de naissance en P, du point P comme centre, avec un rayon égal à PM, on décrit l'arc MR.

On descend en plan le point M jusqu'à la rencontre de l'arêtier en M', le point P vient également sur l'arêtier en P' et la pointe R en R' sur M'R'; on joint R' et P', on place la fausse équerre sur la panne, la lame dirigée suivant R'P' qui sera la fausse coupe des pannes de longs pans. On fait la même opération pour la panne de croupe, la ligne ST sera la direction de la lame de la fausse équerre pour tailler la panne de croupe sur le plat.

Pour obtenir la coupe des équerres biaises façonnées à la forge, on remonte verticalement les points P' et T du plan dans l'élévation de l'arêtier, jusqu'à la rencontre de la ligne de naissance en P'' et T', on joint le point V obtenu par la ligne de niveau des pannes sur l'arêtier, aux points P'' et T', la ligne VP'' sera la ligne de direction pour couder les équerres de longs pans, par rapport à l'arêtier, et VT' celle pour les équerres de croupe.

La figure 6, à l'échelle de dix centimètres par mètre, montre les équerres inférieures à angles ouverts, des longs pans et croupe avec leur percement. L'angle R' en plan est rapporté en R' (fig. 6) et l'angle S de la panne croupe en plan est rapporté (fig. 6) en S' sur l'équerre marquée C (ce qui veut dire croupe); les mêmes angles seront rapportés (fig. 7) en R' et S' pour les équerres supérieures à angles fermés, c'est-à-dire aigus.

Les figures 6 et 7 montrent donc la manière de découper les équerres dans de la tôle de 7 mm. d'épaisseur.

Voici maintenant, la manière d'obtenir les fausses équerres, pour ployer ces équerres à chaud, de manière que la fausse équerre soit placée carrément à la ligne suivant laquelle les équerres doivent être ployées. Cette méthode n'a pas encore été employée, à notre connaissance ; jusqu'à ce jour, cette opération se faisait en présentant les équerres en place, en prenant les dites fausses équerres sur le tas ou en se servant des fausses équerres placées en herse (fig. 5) et appliquées suivant les arêtes des équerres.

Il est plus pratique d'obtenir ces fausses équerres au moyen des rabattements faits sur les rampes des pannes dans les arêtiers, rampes qui ont donné les lignes pour ployer les équerres en VP' et VT' ; du point X pris à volonté sur la ligne de naissance de l'élévation de l'arêtier (fig. 3) on décrit les arcs XY et XZ, sur la ligne de naissance, aux points *d* et *f* ; on descend verticalement le point X en plan jusqu'à la rencontre des lignes formées par les traits carrés des pannes en *m* et *n*, on descend également *d* et *f* sur l'arêtier en plan en *d'* et *f'*, on joint par des diagonales *mf'* et *nd'* qui seront la direction des lames des fausses équerres pour ployer ces équerres d'assemblage.

Les figures 10 et 11 montrent les fausses équerres appliquées sur le dos des équerres pour celles à angles ouverts ou obtus et la figure 8, les équerres fermées de croupe et de longs pans.

Planche 16.

—

FERME DE DION

L'ingénieur de Dion chargé des constructions métalliques à l'exposition universelle de 1878 appliqua à la Galerie annexe des Machines une ferme de son invention.

La forme générale, indiquée sur la figure 1, est celle que nous avons employée pour un bâtiment de 24 m. 00 de largeur ; la hauteur totale est de 11 m. 50 et l'espacement d'axe en axe des fermes est de 5 m. 00.

Pour ces charpentes on peut admettre une surcharge de 120 kg. par mètre carré de surface horizontale couverte; cette surcharge comprenant l'ossature métallique, le voligeage, la couverture en tuiles métalliques et la surcharge de neige ou de vent. Dans le calcul, on devra supposer que l'arbalétrier et le pied droit ont des sections constantes, ce qui est à peu près conforme à la vérité, l'accroissement de hauteur dans le voisinage de la jonction permettant d'obtenir ensuite une sécurité plus grande et un aspect plus léger.

Les semelles composées de cornières de 80 mm. pour les arbalétriers, reçoivent dans les montants une âme de 8 mm. sur laquelle se rivent les barres de treillis.

La disposition des barres de remplissage varie suivant que l'on considère le pied droit ou l'arbalétrier, la forme en croix a été adoptée pour le premier et la forme en N pour le second. Les barres sont en cornières doubles de 60 mm. et en fers plats simples ou doubles pour les montants.

Les figures 2, 3, 6, 7 et 8 représentent tous les détails de la construction; il en est de même des figures 4 et 5 sur lesquelles nous avons indiqué la jonction des deux arbalétriers et l'attache du lanterneau sur les pannes de faîtage.

Planche 17.

FERME EN ARC

La figure 1 nous donne l'ensemble d'une ferme dont l'intrados a la forme d'une anse de panier et dont les retombées servent de pieds droits.

Les dimensions générales de cette ferme sont :

Portée = 22 m. 00.

Hauteur des fermes = 11 m. 00.

Hauteur de l'arc à la clef = 2 m. 00.
Epaisseur des pieds droits = 0 m. 60.
Ecartement des fermes = 6 m. 00.

Les membrures sont composées de deux cornières de 70 mm. reliées par les goussets d'attache des barres de remplissage et par des rondelles d'écartement rivetées. Lorsque la charge sur le pied droit nécessite un élargissement de la base, on coude ces membrures en maintenant leur écartement par des tôles, l'âme se prolonge jusqu'à la semelle de fondation et y est fixée par deux cornières de 100 mm. (fig. 3.)

Cette disposition qui a ses avantages lorsqu'on a affaire à des matériaux tendres n'est généralement pas nécessaire ; mais il était intéressant de la noter.

Les barres de treillis formées de cornières adossées s'assemblent sur les membrures au moyen des goussets dont nous avons parlé plus haut. Les pannes à treillis en V se fixent sur les montants, l'assemblage est indiqué sur la figure 6.

Nous avons supposé que les côtés du bâtiment étaient clos par un mur en briques de 22 centim. avec pan de fer dont les montants extérieurs se fixent sur la semelle de fondation et sur les consoles destinées à porter le chéneau. (fig. 2.)

Planches 18-19.

—

CHARPENTE MIXTE — FERMES DIVERSES

1° Ferme en arc (fig. 1). — Cette ferme de 8 m. 000 de portée dans œuvre, est composée d'arbalétriers en bois de 150 × 150 assemblés à mi-bois au sommet et avec des poteaux de même équarissage placés aux pieds. L'assemblage au sommet est consolidé par deux cornières $\frac{60 \times 60}{7}$ portant rivée entre leurs ailes verticales une tôle découpée de 7 mm. d'épaisseur qui d'autre part est reliée aux cornières $\frac{60 \times 60}{7}$ de l'entrait cintré en plein cintre de 3 m. 700 de rayon. La hauteur entre le dessus des arbalétriers et le dessous de l'entrait est de 1 m. 000.

Sur la figure 2 nous avons indiqué l'assemblage du pied de chaque arbalétrier avec le potelet correspondant, il se fait d'une façon analogue au précédent.

Le pied de chaque poteau renforcé par une tôle et des cornières repose sur une console en bois de 250 × 200 d'équarrissage fixée dans la maçonnerie ; la figure 3 donne les détails de construction de cette partie et montre les boulons reliant les cornières aux poteaux et permettant par leur scellement de fixer la ferme contre les murs.

L'arbalétrier prend un point d'appui intermédiaire sur l'arc au moyen d'une âme pleine et de deux cornières $\frac{60 \times 60}{7}$.

Tel que nous l'avons dessiné, l'arc en cornières est fait de plusieurs morceaux, la cornière avant est en trois parties et les joints sont faits comme nous l'indiquons dans la section *ef* avec un couvre-joint ; l'arc arrière est fait en quatre parties et les joints sont disposés suivant les coupes *cd*, *gh* et le point symétrique. Dans l'intervalle de ces joints, les deux cornières de l'arc sont rivées entre elles avec interposition de rondelle d'épaisseur.

La couverture est en zinc sur voligeage cloué sur des pannes de 150 × 80.

2° **Ferme Mansard** (fig. 7). — Les combles à la Mansard des maisons d'habitation peuvent se faire entièrement en fer, mais le plus souvent cependant on les établit en fer et bois. Le type que nous avons représenté sur la figure 7 s'applique au cas où l'on voudrait établir dans le comble des pièces dont les parois n'auraient pas une surface inclinée sur la verticale. Les arbalétriers ont la forme que nous indiquons au dessin et sont composés de cornières $\frac{65 \times 65}{6}$ avec âmes de 6 mm. ; ils sont reliés aux solives correspondantes du plancher au moyen de boulons (fig. 11).

Les deux arbalétriers sont reliés à hauteur de plafond par un entrait en double fer à U, de 120 mm. de hauteur sur lequel on boulonne les fers à double T de 8 mm. qui soutiendront le plancher haut.

Le faux comble ou terrasson est en bois et la figure 9 représente l'assemblage de la panne faîtière, des chevrons 100 × 80 et des arbalétriers 180 × 80 de cette partie sur le potelet qui repose à sa base sur l'entrait et lui est fixé par des pièces de forge ainsi qu'il est indiqué dans le détail E (fig. 10) et la section *kl*.

La panne de brisis 220 × 120 d'équarissage est doublée intérieurement d'une cornière $\frac{70 \times 70}{7}$ contre laquelle vient butter l'arbalétrier de terrasson ; cette panne reçoit les chevrons du faux comble et les chevrons de brisis en 70 × 80. ces derniers s'appuient d'autre part sur une sablière 200 × 80 placée contre le mur.

On peut disposer ces fermes avec un écartement d'axe en axe de 3 m. 50 à 4 m. 00, le terrasson étant couvert en zinc sur voligeage et les brisis en ardoise posée sur voliges.

3° **Ferme Polonceau** (fig. 12 et 17). — Pour les grandes parties on établit les fermes Polonceau avec six contrefiches, nous en donnons un exemple sur les figures 12 et 17, les dimensions d'ensemble sont les mêmes, mais les deux constructions diffèrent par la façon de composer les poutres armées. Les arbalétriers ont 300 × 150 d'équarriessage dans les deux cas ; si nous examinons tout d'abord le mode d'établissement auquel on est conduit par l'emploi de bielles en fonte et de tirants en fer rond nous remarquerons que pour consolider le faîtage et pour fixer les tirants le moyen le plus commode consiste à réunir le dessous des arbalétriers par une console en cornières $\frac{55 \times 55}{6}$ avec âme de 10 mm. d'épaisseur ; cette console est fixée par huit boulons dont les écrous portent sur un large plat 120 × 12.

Les tirants du sommet d'arbalétrier ont un diamètre de 28 mm., leur extrémité est forgée avec un œil pour le passage du boulon d'attache sur les deux plaques $\frac{50}{10}$ de fixation ; l'assemblage du poinçon de 18 mm. de diamètre se fait de la même manière (fig. 13). Le pied de l'arbalétrier est pris dans un sabot en fonte scellé sur le mur et coulé de façon à servir de support de chéneau (fig. 14) ; le tirant de 36 mm. est fixé sur ce sabot par une fourche composée de deux fers plats et dont nous avons donné le détail. Les bielles en fonte ont une section en croix et le détail II (fig. 15) nous montre de quelle façon se fait la liaison avec les divers tirants. Le tirant entrait de 28 mm. de diamètre est formé de deux fers assemblés en leur milieu par un écrou à lanterne et soutenu par l'aiguille pendante.

Comme variante nous examinerons le second exemple qui se rapporte au cas de bielles en bois et de tirants en cornières.

L'assemblage au sommet des cornières $\frac{50 \times 50}{6}$ formant tirants principaux se fait au moyen de goussets en tôle de 8 mm. boulonnés sur les arbalétriers, l'aiguille pendante prend également son point d'appui entre ces goussets (fig. 18).

Le pied de l'arbalétrier repose dans un sabot en tôle et cornières fixé sur le mur par des boulons à scellement de 22 mm. (fig. 19). Les cornières inférieures $\frac{80 \times 80}{8}$ servent à attacher les tirants au moyen de 8 boulons, 4 sur chaque cornière. Sur ces sabots on boulonne une cornière ouverte de 70 mm. de largeur d'ailes contre laquelle portent des pièces de bois 80 × 80 qui s'appuient sur une murette pour supporter le chéneau.

La contrefiche principale à 200 × 150 et la figure 21 nous montrent son assemblage avec les tirants $\frac{50 \times 50}{6}$ et le tirant entrait de 28 mm. de diamètre; les deux autres contrefiches de 150 × 150 s'assemblent d'une façon analogue avec les tirants (fig. 20).

Les deux cornières qui composent chaque tirant sont à un écartement constant de 166 mm. entre ailes, elles sont reliées tous les 0 m. 50 par un boulon d'écartement avec tube de remplissage.

Les pannes en madriers 220 × 100 supportent les chevrons 100 × 80.

Dans les deux cas on peut donner à ces fermes un écartement de 4 m. 000.

Nos planches 5-6-7-8-18-19 sur la charpente mixte viennent compléter celles de la première partie de cet ouvrage.

Nos lecteurs qui voudraient posséder encore plus de renseignements à cet effet n'auront qu'à se reporter à notre *Traité de Charpente*, par Mazerolle, où l'auteur a traité ces genres de travaux d'une manière toute particulière.

Théâtre de Nancy

Pl. 8. — Balcons exécutés par E. Brandt, ferronnier d'art.

Planche 20

GRILLE DE CHŒUR ET APPUI DE COMMUNION

Grille de chœur. — Cette grille, malgré sa richesse, est d'une exécution relativement simple et facile ; toute la difficulté réside dans l'ajustage et le montage.

Constituée avec des barreaux en fer carré de 0m020 et des fers ronds de même dimension.

Pour la rendre plus légère d'aspect, on peut employer des fers méplats de 25 × 16 et les fers ronds de 0m018 de section.

Les rinceaux et les volutes pourront varier du 20 × 16 au 18 × 11 voire même au 18 × 7, pour les plus petits rinceaux.

Les ornements peuvent être en tôle repoussée et dorée ou mieux en bronze ciselé et doré, mais leur prix de revient est, dans ce cas, de beaucoup plus élevé.

Le couronnement sera constitué par une frise ajourée portant une inscription quelconque, mais assez longue, de manière à faire un gris à cet endroit, ayant pour but de donner du corps à la grille sans lui enlever sa légèreté.

Les lettres seront en petits fers plats de 18 × 9 ou 18 × 11, suivant la hauteur et le recul dont on peut disposer.

Appui de communion. — Ce travail devra être exécuté en fers légers, au point de vue de l'œil.

Les traverses en fer plat 30 × 18 et 30 × 16, les montants principaux de la même dimension et les traverses et montants intermédiaires en 20 × 14 ou 20 × 11.

Généralement, la main-courante est en bois, recouverte de peluche ou de velours rouge.

Au centre existe toujours une porte à deux vanteaux pour donner accès à l'autel.

Appuis de fenêtre. — Les balcons que nous représentons sur cette planche sont assez simples tout en ayant un caractère riche et original.

Le Balcon no 1 est du style Louis XVI modernisé ; la figure 2 est du même style ; la figure 3 est du style Louis XVI ; la figure 4 est du style Régence.

Pl. 9. — Reproduction ancienne d'après d'Aviler (époque Louis XV)

Notre planche 8 du texte fournit un balcon Louis XIII et un balcon Louis XIV, exécutés par la Maison Schwartz et Haumont, ingénieurs constructeurs à Paris.

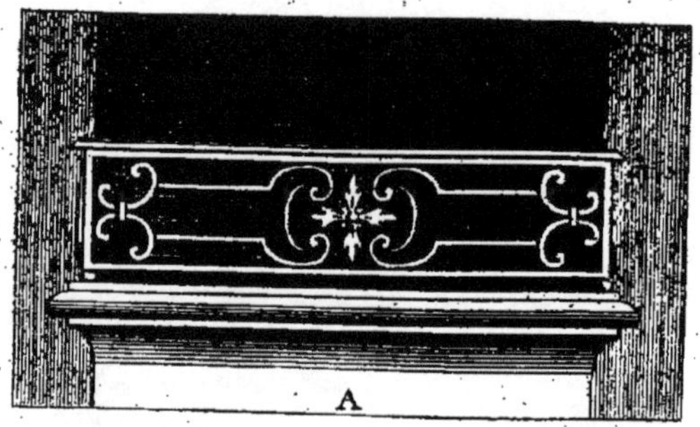

Reproduction ancienne, d'après D'Aviler (époque Louis XV)

Nous croyons utile de placer ici quelques beaux spécimens de balcons et d'appuis de fenêtres de l'époque Louis XV, empruntés à l'ouvrage de D'Aviler, afin de montrer la différence des genres de travaux des époques anciennes avec ceux de l'époque actuelle.

Planche 21

VÉRANDAH

Sur un balcon en saillie, supporté par des consoles en pierre, repose le Window représenté ici par notre planche 21. C'est au-dessus de ce bandeau que la construction métallique nous intéresse.

Le plan d'ensemble est rectangulaire. Les montants d'angles sont en 40 × 40 et les montants intermédiaires, qui sont en 40 × 20 (figure 10), soutiennent le chéneau métallique. Le comble est prévu vitré et à pentes droites.

Le soubassement est en tôle de 3 millimètres, maintenu entre les montants et traverses par des cornières de 30 × 18 et orné d'une moulure 25 × 14 ; des appliques en fer plat de 30 × 7 terminent cette partie de la construction.

Le vitrage vertical est en fer à **T** de 30 × 35 et en cornières de 35 × 20 ; les parcloses rabotées en 14 × 14 ; au centre de la façade une fenêtre ouvrant à l'intérieur, et à gueule-de-loup, est construite en **T** renforcé de 30 × 24 × 9 (voir figure 9). Des contrefeuillures, pour la pluie et pour le vent, sont placées entre les fers à **T** renforcés et les montants intermédiaires. Les battements de la partie milieu sont en **T** inégaux de 30 × 20 (Nozal). Ces **T** sont plus faciles et bien plus solides que les battements en fers plats vissés sur des fers trop faibles comme épaisseur, dans la majorité des cas.

La crémone est en fer rond de 9 millimètres, avec garniture en fonte.

Pour agrémenter et décorer cette vérandah, il a été placé une jardinière devant la fenêtre de la façade ; cette jardinière est soutenue par des consoles en fer forgé (figure 5) et formée de 2 rotondes, reliées entre elles par une galerie destinée à contenir des plantes.

L'aspect de cette construction ainsi comprise est des plus agréable.

Les montants intermédiaires en fer à **T** sont terminés par des fleurons en tôle repoussée (figure 3). L'imposte est décorée d'arceaux en fers plats de 16 × 7, ornés d'écoinçons en fer forgé et découpé. La frise d'imposte, pleine au-dessous du chéneau, est construite dans le même principe et avec les mêmes échantillons que le soubassement (figure 8). Le chéneau est en tôle et cornières, le fond est en 270 × 3 et les deux parties verticales en 180 et 200 × 3. La partie intérieure est laissée plus haute que la partie extérieure par crainte de l'engorgement du chéneau. Ces tôles sont reliées entre elles par des cornières de 40 × 40 × 5 et des brides d'écartement en 40 × 11. Le chéneau est orné au droit des montants d'antéfixes plein cintre, la moulure cintrée profile la moulure en fer ; elle se fait généralement en fonte. Sous le chéneau sont placées des consoles en fer forgé prenant naissance au-dessus des chapiteaux en fonte et venant s'amortir sur la face extérieure par deux feuillages en tôle repoussée. Au centre de l'antéfixe, une rosace vient en rehausser l'effet décoratif (figures 1 et 2).

Le comble à pentes droites est en fers à vitrage de 35 × 40, les arêtiers en 40 × 50, la cornière de rive en 45 × 25, les verres sont posés à bain de mastic.

L'ensemble de cette construction est d'un aspect assez riche, sans pour cela que le prix en soit très élevé.

Planche 22

—

MARQUISES DIVERSES EN PERSPECTIVE

Marquise sur colonnes. (fig. 1). — Ce genre de marquise convient lorsqu'il s'agit de protéger un perron, et, généralement lorsqu'on veut donner une saillie telle, que les consoles seraient trop coûteuses par suite de la grande résistance nécessaire, ou que la construction peu lourde ne leur assurerait pas les points d'attache suffisants.

Dans le modèle que nous donnons figure 1, les colonnes sont en fonte ornée avec base, bague et chapiteau. La partie supérieure du fût est carrée pour rendre facile l'assemblage des colonnes à leur retombée.

Les consoles partent dans quatre sens pour soutenir le chéneau et le comble.

Le chéneau est composé de la manière indiquée fig. 2, avec galerie tombante à jour, composée de petits croisillons et enroulements en fer méplat.

Le comble n'offre aucune particularité, il est composé d'un faîtage, de deux gobelets et de petits bois en fer T.

Marquise en queue de paon. (fig. 3). — Dans cette disposition, l'arc de cercle portant est en feuillard, orné de moulures et garni à l'intérieur d'un grand fer à jet d'eau qui joue le rôle de chéneau. Ce bandeau est scellé à chaque extrémité et, soutenu par les consoles, forme tout le système résistant.

Fig. 4. — Les petits bois sont coudés et soutenus par de petites consoles s'appuyant sur le bandeau.

Les verres sont interrompus au droit du chéneau pour permettre l'écoulement de l'eau.

Marquise mixte. (fig. 5). — La marquise proprement dite est maçonnée, recouverte en zinc et plafonnée en dessous.

Au pourtour règne un chéneau en fer, composé de feuillard, cornières et moulures.

En avant, un éventail vitré, reposant sur un bandeau cintré soulagé au milieu par un hauban.

Marquise avec lambrequin. (fig. 6). — Même comble que pour la figure 1, mais à trois égoûts seulement.

La figure 7 montre la coupe du chéneau.

Le lambrequin est en fer, composé de petites cornières 15 × 15, mais peut aussi être fait en fonte malléable en donnant partout la forme du fer à feuillure.

Planche 23.

COUR COUVERTE

Pour l'installation d'une salle de café ou de restaurant on utilise souvent les cours; il est donc nécessaire d'examiner, non pas les divers types de charpente à employer, mais un cas particulier qui, à l'occasion, puisse servir de guide.

Nous avons pris comme exemple une cour de 14 m. 00 de largeur, située entre deux bâtiments, celui de gauche ne devant prendre du jour de ce côté que par de petites fenêtres aux étages. La construction de droite au contraire fait partie de la même propriété, elle prend du jour sur la cour et doit en permettre l'accès.

L'ensemble montre que nous avons divisé la ferme en trois parties par deux rangées de colonnes dont l'écartement, de 3 m. 00 dans notre cas, peut varier sensiblement puisqu'il dépend de la longueur de la surface à couvrir.

La ferme centrale a la forme d'un plein cintre avec extrados surélevé à la clef pour faciliter l'écoulement des eaux; elle est composée d'une âme de 6 mm. d'épaisseur avec cornières de 50 et la hauteur de l'arc qui est de 20 cm. aux naissances atteint 35 cm. à la partie supérieure. Entre eux les arcs sont réunis par des pannes principales en treillis tous les deux mètres environ et par des fers à T tous les mètres. Sur ces pannes viennent se visser les fers à vitrage ainsi que les supports de grillage de protection et d'échelle de réparation.

Sur la tête des colonnes, la liaison se fait au moyen de deux fers à U avec fourrure en bois mouluré; l'assemblage avec les arcs se fait avec deux goussets découpés en tôle de 8 mm. d'épaisseur.

Le bas côté de droite doit pouvoir servir de terrasse, nous le composerons avec des dalles en verre en lui donnant cependant une légère inclinaison (3 cm. par mètre) pour l'écoulement des eaux. La paroi du chéneau forme poutre et reçoit les petits fers à T parallèles aux fermes principales, tandis que les fers perpendiculaires viennent s'appuyer sur les doubles I $\frac{160 \times 50}{7 \times 8}$.

De l'autre côté nous avons disposé une ferme très légère, les charges sont en effet insignifiantes, l'action du vent n'ayant même aucune influence. Le cadre est en fer plat 50 × 10 et les barres de treillis, au lieu d'être droites, ont la forme que nous donnons sur le détail A et augmentent d'épaisseur à mesure que l'on s'éloigne de la colonne.

Dans ce genre de construction il n'est pas nécessaire de poser des chassis ouvrants, mais il faut placer à la partie supérieure, en les dissimulant autant que possible, des cheminées d'aération.

Planche 24.

—

COUPOLE

Nous avons étudié sur la planche 24 une coupole dont le plan est un polygone régulier de 16 côtés, chaque arête formera donc une demi-ferme dont nous avons tracé l'élévation sur la figure 1.

Les arcs métalliques sont décrits avec des rayons de 5 m. 80 pour l'intrados et 6 m. 10 pour l'extrados de façon à obtenir une épaisseur d'arêtier de 250 mm. aux naissances et de 150 mm. à la clef ou au moins à la rencontre du lanterneau dont les fermes prolongent et relient les deux dernières fermes disposées sur une même diagonale du plan.

Chaque arêtier est formé de 4 cornières de 40 mm. reliées par un treillis à croix de Saint-André ou en V en fer plat de 30 mm. × 5 ainsi que nous l'avons représenté sur les figures 4 et 6. Deux cours de pannes intermédiaires réunissent les arcs ; ces pannes (fig. 5) ont leur semelle inférieure légèrement cintrée de façon à donner plus de légèreté à l'ensemble de la construction.

Au sommet, les dernières fermes s'assemblent (fig. 4) sur un anneau polygonal formé d'un fer plat de 170 × 8 et de 2 cornières $\frac{50 \times 50}{6}$; c'est sur cette ceinture que nous fixerons les montants du lanterneau en fers à T de 50 mm. et nous les maintiendrons au moyen de contrefiches cintrées, en même fer, qui se couderont ensuite pour supporter les abouts des fers à vitrage de la partie supérieure.

La figure 1 montre bien clairement la construction et en se servant des principes indiqués dans la première partie de cet ouvrage il sera aisé d'établir les détails des fers à vitrage.

Pour recevoir les naissances des arcs nous supposons une sablière en fer à U de 27 cm. de hauteur (fig. 6) l'assemblage se faisant avec des équerres en cornières de 100 mm. Cette semelle repose sur les colonnes en fonte dont nous avons donné deux sections, l'une représentant la projection du chapiteau et l'autre la projection de la base.

Le chéneau est formé, comme fond, d'une tôle de 25 mm. raidie par deux cornières et soutenue de distance en distance par un fer à T boulonné sous la sablière. La paroi verticale avant est en tôle de 3 mm.; l'écartement est maintenu par un fer à T placé à la partie supérieure.

Le remplissage entre les piliers est fait en tôle légère de manière à ménager des baies ainsi que le représente la vue de face (fig. 3).

Planches 25-26 et 27.

—

PETIT PALAIS DES BEAUX-ARTS AUX CHAMPS-ÉLYSÉES

Comble d'un pavillon d'angle.

Planches 25-26.

—

Le comble d'un pavillon d'angle en façade du petit palais des Beaux-Arts, que nous reproduisons avec la bienveillante autorisation de M. Girault, architecte en chef des deux palais, est composé comme pièces principales d'une panne faîtière soutenue à ses deux extrémités par les demi-fermes de croupe, les arêtiers et les demi-fermes extrêmes Y. Les demi-fermes Z placées au milieu de la panne faîtière sont assemblées au milieu de celle-ci. Toutes ces fermes ou arêtiers reposent sur les murs par leur pied et se butent entre eux à leur tête mais, contrairement à ce qui se fait dans la presque totalité des combles, il n'y a pas de fermes franchissant la travée d'un mur à l'autre et recevant ensuite pour les porter les pannes et la charpente des croupes. Pour éviter la poussée qui pourrait se produire sur les murs par suite de ce mode de construction, un groupe horizontal de tirants ou entraits suspendu à la panne faîtière a été assemblé avec le pied des fermes et des arêtiers.

Panne faîtière. — Cette pièce principale est une poutre à treillis double de 1 m. 20 de hauteur composée de deux membrures, l'une inférieure, l'autre supérieure formées chacune d'un fer plat 200 × 8 et de deux cornières

70 × 70/8. Des montants verticaux en deux cornières 70 × 50/7 reliant ces deux membrures et des croisillons en une cornière de même force complètent la poutre. A la partie supérieure des cornières 100 × 100/10 tiennent la tête des chevrons au moyen de boulons de 18 mm. de diamètre. Enfin, à la partie basse les aiguilles (en 2 plats 60 × 7 pour la ferme milieu Z et en 2 cornières 50 × 50/5 pour les fermes Y) soutenant le groupe d'entraits sont assemblées par des équerres et des goussets.

Demi-fermes. — Les demi-fermes Y, Z et les demi-fermes de croupe sont identiques, ont 0 m. 600 de hauteur et sont faites de 4 cornières 70 × 70/7 avec croisillons et montants en fer plat 70 × 8. Toutefois les montants sur lesquels les pannes sont assemblées par des équerres en cornière 80 × 80/8 sont en plat de 0 m. 170 de largeur — sous chaque panne est un tasseau également en 80 × 80/8 rivé sur le montant.

Planche 27.

—

Arêtiers. — Ceux-ci sont accouplés par deux dans chaque angle au moyen des entretoises détaillées à la planche simple. La partie cintrée des entretoises voisine de la couverture est nécessitée par la silhouette à donner extérieurement au comble. Le pied d'un groupe d'arêtiers repose sur un filet en 2 I 175 L.A placé d'équerre sur la bissectrice de l'angle ou à 45° sur les murs. La section d'un arêtier se rapproche de celle de la panne faîtière. Cependant les membrures sont en plus 180 × 7 et les cornières en 65 × 65/7 la hauteur de 1 m. 20 est la même.

Nous ne donnons pas ici en détail l'assemblage des

pannes sur les arêtiers, la façon de trouver les coupes biaises ayant déjà été donnée dans la première partie du *Traité de serrurerie et construction en fer*, aux planches 78 et 79 et ne différant en rien, que le comble soit droit ou cintré

Planche 28.

—

GRANDE GRILLE ET GRILLES DE CLOTURE

Art nouveau.

Un vantail de la Porte principale est composé comme bâti : 1° d'un montant tourillonné et d'un sommier en 55 carré assemblés l'un sur l'autre au moyen d'un sabot forgé; — 2° d'un montant de battement 55 × 20 et d'un battement en fer plat de 80 × 7 maintenu à l'intérieur par une cornière de 50 × 30.

3° La traverse courbe du haut et la traverse du soubassement, toutes deux en 55 × 30 complètent le chassis ou bâti.

4° Les barreaux principaux ainsi que le remplissage de la partie de soubassement sont en 30 carré 28 au moins.

5° Les barreaux intermédiaires sont en 22 carré.

Le tout est en fer sauf les pontets à fleurons et les bagues qui sont en fonte.

6° Les colliers à scellements des tourillons sont en 60 × 16.

7° La disposition des grilles fixes est la même en force des fers.

Quoique d'arrangement nouveau, cette grille est aussi facile à construire que celles qui sont conçues d'après les styles anciens, et l'étude des détails du dessin fait voir qu'il n'existe pas de difficultés ou d'impossibilités d'assemblages.

La forge y tient la principale place et exige un ouvrier d'élite.

L'assemblage se fait comme dans toutes les grilles, au moyen de goujons, de goupilles, vis et rivets.

Cette grille d'aspect luxueux et de gros poids ne peut être applicable qu'à une villa, un hôtel particulier, ou un petit château et non à un bâtiment de rapport.

Planche 10

MM. Schwartz-Haumont, constructeurs, successeurs de Schwartz, Meurer et Bergeotte

Planche 11
MM. Schwartz-Haumont, constructeurs, successeurs de MM. Schwartz, Meurer et Bergeotte

Pl. 12. — Rampes d'escaliers

MM. Schwartz et Haumont, constructeurs, successeurs de MM. Schwartz, Meurer et Bergeotte

Pl. 13. — Façade vitrée LV formant vérandah faisant suite à un salon

MM. Schwartz, Haumont, constructeurs, successeurs de MM. Schwartz, Meurer et Bergeotte

Planche 29

GRILLE LOUIS XVI ET PETITE GRILLE MODERNE

La grille Louis XVI (planche 29) est composée de deux vantaux. Elle est construite pour montants pivots et sommiers en fer carré de 45 ; les montants, battements et traverses en 45 × 22 ; les barreaux en carré de 22, avec, pour les rinceaux, des pièces amincies et d'autres en fer méplat ; les cercles, formant encadrements, sont en 25 × 11 isolés par des boules.

Les panneaux sont en tôle de 3 millimètres, assemblés sur le bâti par des cornières et des fers plats ou profilés, des tables saillantes sont fixées sur ces panneaux et les angles sont garnis de boutons de même saillie que les tables.

L'ornementation est obtenue par des rosaces et des feuilles repoussées.

La petite grille, de style moderne, est destinée à fermer un vestibule de maison de rapport ou d'hôtel particulier.

Sa décoration, presque entièrement composée de barreaux, montant du soubassement à l'imposte, et séparés par des parties entièrement vides, donne de la volée à l'ensemble ; l'œil se repose sur l'imposte décorée de feuillages en fer forgé, conçus avec art et harmonieusement disposés.

Détails techniques. — Bâti fixe 40 × 27 placé dans les feuillures de la maçonnerie, parcloses en fer plat 45 × 7 et 45 × 4. Cadres pivotants en 40 × 27, 40 × 20 et 40 × 18, battements en 40 × 7. Ornement méplat 20 × 16, à l'intérieur trois châssis à glace ouvrants en fer rainé de 18 × 18. Soubassement en tôle de 3 millimètres et cornières 30 × 30, cadres décoratifs en plat 20 × 5.

Planche 30

VÉRANDAH SUR FAÇADE

Cette vérandah repose sur un encorbellement en pierre, et les montants des angles ne vont à scellement dans celui-ci que sur une profondeur de 0m05 à 0m06 au maximum.

Le plan d'ensemble est rectangulaire avec pans coupés à chaque extrémité.

Le comble est prévu vitré et de forme cintrée.

Les montants d'angle sont formés par des fers spéciaux (Nozal nº 552), sur lesquels sont fixées les cornières formant feuillure au vitrage.

Le soubassement en tôle de 0m003 est assemblé sur les montants et traverses par des **L** en 30 × 18, et orné d'une applique en plat de 30 × 5 formant cadre ; la partie inférieure se trouve terminée par un caissonnage formant plinthe à l'extérieur.

Sa partie supérieure est composée de deux fers plats de 45 × 14 sur lesquels sont vissées des tôles de 0m003 formant un caisson, sur la face avant duquel se profile une moulure forte (Nozal nº 722) qui forme couronnement du soubassement en tôle, et repos de la partie verticale vitrée.

Cette partie vitrée est composée de panneaux fixes, d'une division, à droite et à gauche de la paroi de face et sur les deux petits retours sur un mur de façade. Les pans coupés et la partie milieu en façade sont composés de fers **T** à croisée de 30 × 24, ferrés sur montants fixes et battants dans les **L** de 35 × 20 formant feuillure.

La fermeture se fait au moyen de crémones en fer rond de 0m011 avec garniture en fonte.

A l'endroit de ces parties ouvrantes et au niveau de la traverse de frise, il existe une barre d'appui en fer rond de 0m022 montée sur supports à douilles vissés sur les montants fixes.

La frise au-dessus du soubassement en tôle est décorée par des ornements en fer plat de 10 × 7 vissés extérieurement sur les cornières de 35 × 20.

Le panneau sous chéneau, à la partie supérieure du vitrage, est composé d'une tôle de 0m003 formant un caisson entre les montants, avec cadre d'applique en moulure de 25 × 14.

Ces panneaux sont reliés au-dessous de chéneau par de petites consoles en fer plat de 18 × 9 fixés au droit de chaque montant.

Le chéneau est à deux faces avec moulure en zinc formant torsade, en façade, et fers plats d'applique à l'intérieur.

Le dessous du montant milieu de la façade se trouve motivé par une rosace ovale d'applique avec rubans en tôle repoussée au marteau. Même motif dans l'axe des pans coupés.

Le comble cintré est en cornières de 35 × 35 et la cornière de rive, sous bandeau en pierre, est en 40 × 40, avec trois scellements sur la longueur. Tous les verres doivent être posés à bain de mastic, aucune parclose métallique n'étant prévue dans le présent travail.

L'ensemble de cette construction ainsi comprise vaudrait environ **950 francs**, non compris vitrerie, ni garnissage de chéneau, et, en général, tous travaux autres que ceux de serrurerie proprement dite.

Planche 31-32.

VÉRANDAH PORTANT VOUSSURE ANNULAIRE ET COMBLE « IMPÉRIAL » RACCORDÉ SUR UN PAN COUPÉ « MANSARD »

Cette vérandah disposée pour servir de fumoir est placée sur le pan coupé d'un bâtiment, elle communique au moyen d'une baie ménagée dans un des pans avec une salle à manger.

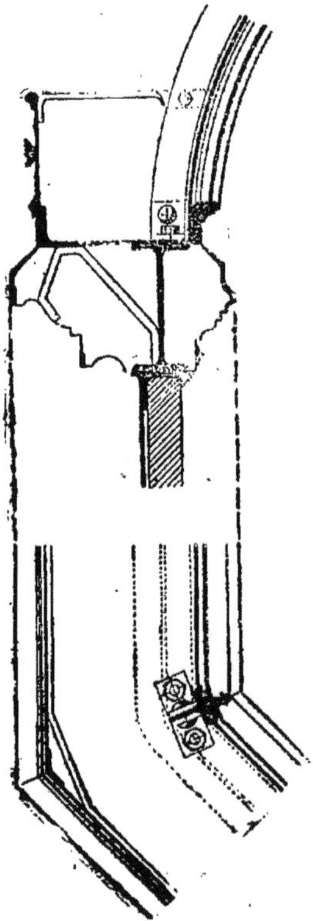

La vérandah a 3 m. 00 de longueur et 1 m. 70 de profondeur avec pans coupés de 0 m. 88 ; elle peut avoir plusieurs étages mais nous ne nous occuperons que du comble.

Le comble dit « Impérial » a la forme d'un talon renversé, il est monté sur une voussure à section octogonale épousant la forme de la vérandah. Au sommet une pénétration centrale, formant cheminée d'appel pour aérer le fumoir, communique avec une lunette conique servant de lucarne au comble Mansard sur lequel se raccorde la charpente de la vérandah.

Fig. A

Fig. A. — Sur la figure *a* nous avons donné une coupe verticale du chéneau et le plan d'une partie formant angle. Le fond du chéneau en fer à U de 20 cm. repose sur un fer à double T de 16 cm. *ao* sablière haute de la vérandah ; la paroi avant du chéneau est formée d'une tôle de 3 mm., rivée sur l'une des ailes du fer U, portant moulures laminées et rosaces forgées ; cette tôle se continue pour former entablement ainsi que nous l'indiquons sur le dessin. La paroi arrière du chéneau comportera la tôle des panneaux de voussure fixée sur les fers T arêtiers qui se fixeront sur l'âme du fer à U au moyen d'équerres en cornières.

Les diverses moulures de la corniche en tôle repoussée seront vissées les unes sur les autres et maintenues de distance en distance par des fers plats 30 × 10 formant consoles.

Les fers à U et double T forgés à la demande sont en deux pièces à joints croisés de façon à pouvoir utiliser les longueurs commerciales.

La voussure en plan est représentée par le polygone ABCDEFGH ; les noms d'arêtes A*a*, B*b*, C*c*... de forme elliptique ou pliées en anse de panier à deux centres s'assemblent en tête avec la pénétration cylindrique de 0 m. 45 de diamètre formant cheminée d'aération.

Fig. B. — La figure *b* nous montre cet assemblage sur le cylindre de 0 m. 003 d'épaisseur au moyen d'équerres et d'une cornière cylindrique de 0 m. 30 recevant les ailes des fers à T et munie de moulures. A son extrémité supérieure l'anneau s'assemble avec la lunette de la lucarne dont le revêtement est également en tôle de 0 m. 003.

Les noues formées de fers à T de 50 mm. avec âmes en contre-haut sont ornées de moulures et reçoivent les tôles des panneaux. Ces tôles doivent être découpées suivant un tracé qui doit toujours se faire en vraie grandeur mais que nous allons expliquer à échelle réduite sur le panneau J*de*E.

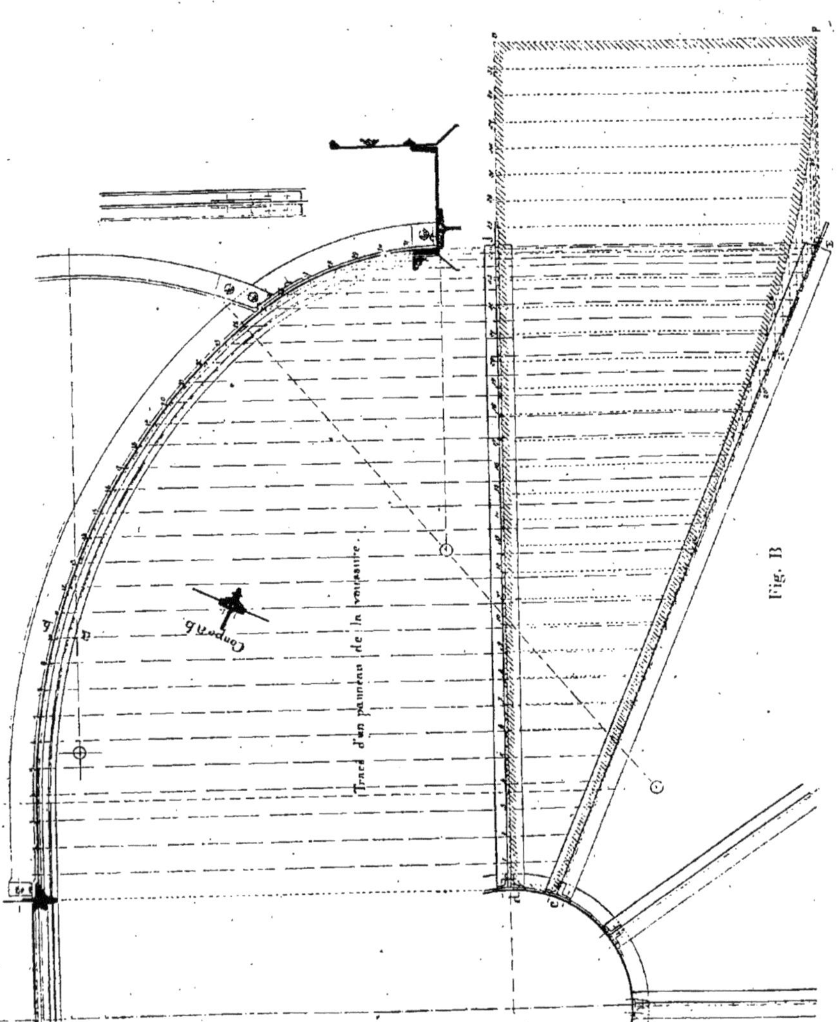

Pl. 14. — Tracé d'un panneau de la voussure, pl. 31-32 de l'atlas

Après avoir tracé en coupe droite la forme elliptique que doit avoir le panneau, nous développons cette longueur 1-31 sur une ligne droite 1-31 et cela au moyen d'ouvertures de compas marquant sur la coupe et le plan les points correspondants. Pour obtenir un point du développement de *e*E, le point 22 par exemple, nous mènerons l'ordonnée 22,22′ jusqu'à la rencontre de *e*E, puis la verticale de l'ordonnée 22 du développement *dj* jusqu'à la rencontre en S de la parallèle à la section dr[illegible]e menée par le point 22′; S sera un point du tracé; de la même façon nous aurions les autres points tels que *r* correspondant à 20,20′. La courbe *ep* se tracera donc aisément.

Comme dans le cas particulier, *dj* est section droite, le développement du panneau sera donné par la partie hachurée *odep*, *op* étant perpendiculaire sur *do*.

Nous obtiendrions de la même façon le tracé d'un panneau quelconque en ayant toujours soin si les deux coupes sont biaisés, de prendre pour point de départ une section droite du cylindre elliptique qui en élévation donnera la forme vraie de la courbe et en plan une droite perpendiculaire à la base du triangle.

La figure 1 de la planche représente la coupe de la voussure et la ferme principale impériale du comble de la vérandah; les arbalétriers sont en fer T de 40 mm. l'âme tournée vers le haut pour que les ailes puissent recevoir le voligeage et la couverture. L'entrait, les contrefiches et la couronne de pénétration de la lunette seront en fer à T de 30 mm.

L'assemblage des arêtiers de voussure et des arêtiers de comble impérial est indiqué sur la figure *b*; les ailes des fers à T viennent se river ensemble tandis que deux plaques réunissent au moyen de boulons les âmes de ces mêmes fers.

Après avoir tracé les arbalétriers de la ferme impériale

avec des arcs de cercle, on divise le **chevron de droite en sept parties égales dont les ordonnées serviront à construire la coupe (fig. 2) et les arêtiers (fig. 4).**

Fig. C. — Le poinçon sera formé d'un tube en fer

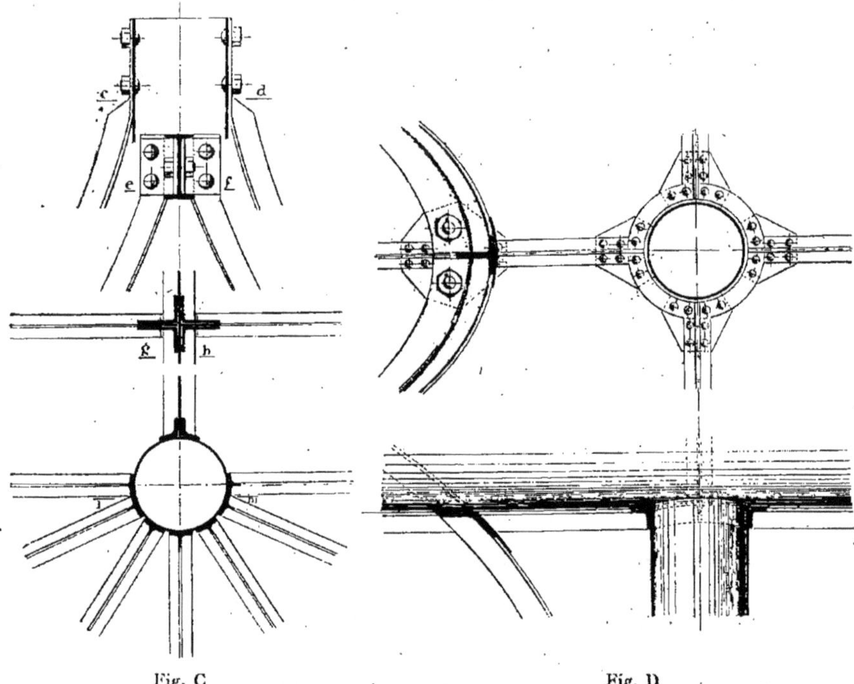

Fig. C   Fig. D

de 0 m. 14 de diamètre sur lequel viendront se boulonner les arêtiers et le faîtage en fer double T de 0 m. 10.

Sur la figure C nous avons représenté en coupes *cd* **et** *m* **ces assemblages coupes et en** *gh* **et** *ef* **l'attache des chevrons sur le faîtage.**

Le dessin montre trop clairement la manière de procéder pour que nous nous arrêtions plus longuement sur ce sujet.

Fig. D. — Le poinçon se fixe sur le tube de la lucarne au moyen d'une cornière qui, par des goussets, établit la liaison avec les fers à T d'armature. La figure *d* nous montre ce détail ainsi que l'attache du chevron impérial sur ce même tube.

MONTAGE DES ESCALIERS EN FER

Pour le montage, nous diviserons les escaliers en 4 classes principales ; chacune d'elles se subdivisant en 3 autres :

Escalier à l'anglaise.

Escalier à la française.

Escalier à vis de Saint-Gilles.

1° Escalier à dessous non apparent avec marches en bois.

2° Escalier à dessous non apparent avec marches en pierre.

3° Escalier à dessous apparent, marches en bois et fer.

4° Escalier à marches mobiles et démontables, marches bois et fer.

D'une façon générale on commence par monter l'échiffre, c'est-à-dire l'ossature en fer, puis on procède à l'emmarchement.

Comme on utilise généralement les échafaudages existants, il n'y a pas de règle absolue dans le montage des escaliers, cela dépend de l'état d'avancement des travaux du bâtiment.

PREMIÈRE CLASSE

Escaliers à dessous non apparent marches en bois.

On commencera par mettre en place provisoirement les fers des paliers d'arrivée et ceux des paliers de repos quand ils sont droits, en commençant par ceux du haut, sur lesquels on pourra amarrer des palans pour monter les autres fers. On y fixera ensuite les limons en faisant soigneusement les joints des différents tronçons : pour maintenir leur parallélisme avec les murs latéraux, on mettra provisoirement quelques contre-marches toujours, de préférence celles qui sont en prolongement des limons, (c. marches 13 et 14, pl. du texte, fig. 1) puis quelques autres (c. m. 3, 9, 18, pl. 4. du texte, fig. 1) dont on aura relevé très exactement la position sur l'épure qui a servi à l'exécution de l'escalier.

Ceci fait pour tous les étages, on règle l'échiffre quand il n'y a pas de décrochement dans le jour des différentes volées, on met en place les limons courants, généralement ceux du premier étage, puis on plombe tous les autres sur ceux-ci en réglant leur écartement aux murs au moyen des contre-marches que l'on cale suivant les besoins et pour lesquelles on a dû faire dans la maçonnerie des trous de scellement plus grands que ceux qui sont nécessaires.

Quand les limons de deux étages différents sont décrochés ainsi qu'il est représenté (planche 4. du texte, fig. 2) on en tient compte au moment de régler.

Lorsque tous les fers des paliers et les limons sont bien de niveau et à la place qu'ils doivent occuper on en fait les scellements dans les murs de la cage.

Élévation d'un étage courant
Fig. 3
Dessous d'un escalier avant le plafonnage
Fig. 4
Tracé des trous pour scellement des marches et contre-marches
Élévation s^t AB
Fig. 5
Fig. 6
Niveau
Plan des étages courants (2.3.4)
Fig. 1
Plan du 5ème étage
Fig. 2
ESCALIER A LANGLAISE A DESSOUS NON APPARENT

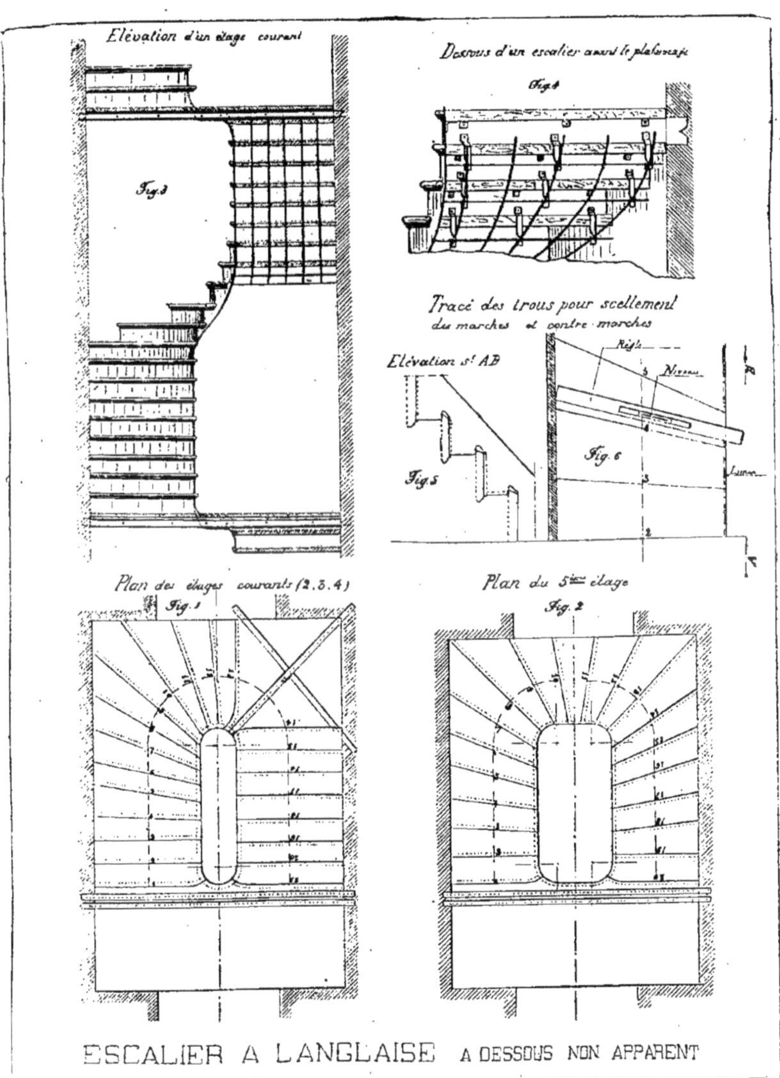

Planche 15

S'il y a des contre-limons, il faut les mettre en même temps que les limons.

Ceci fait, on procède à l'emmarchement qui se fait en commençant par le bas et de la façon suivante : on met la contre-marche inférieure (contre-marche 5, par exemple, pl. 4. du texte, fig. 1) en l'assemblant aux limons et contre-limons par des boulons à tête fraisée, on pose la marche immédiatement au-dessus, après avoir découpé l'entaille de la moulure en retour dans le jour (la marche 5, pl. 4. du texte, fig. 1) on fixe les tirefonds qui la réunissent à cette contre-marche ainsi qu'au limon, on met la contre-marche immédiatement au-dessus (contre-marche 6) comme la précédente, puis on met les tirefonds des pattes qui la fixent sur l'arrière de la marche. Cette dernière est donc posée avec ses 2 contre-marches, on procède ainsi pour toutes les autres.

Avoir soin que le dessus des marches soit bien horizontal dans tous les sens.

On pose en dernier lieu la paillasse métallique pour le hourdis du plafond en mettant sur les crochets des fentons horizontaux qui en portent d'autres mis suivant le rampant et réunis aux précédents par des fils de fer, s'il est nécessaire.

Les maçons viennent ensuite faire le plafond.

L'escalier étant complètement monté, on cloue sur le devant de chaque marche une petite latte que l'on laisse jusqu'au complet achèvement des travaux du bâtiment et cela pour en protéger les moulures.

Quand il n'y a pas de contre-limons, il faut que le monteur trace sur les murs latéraux les trous pour scellements des marches et contre-marches, on se guide pour cela sur l'échiffre en plaçant une règle sur chaque cran (fig. 5-6, pl. 4. du texte) sur laquelle on met un niveau à bulle d'air ; quand elle est bien horizontale on en trace le dessous sur le mur. 5 mm. plus bas se trouve le dessous de la marche ; pour la largeur du trou, on se base approximativement sur le plan de l'escalier que l'on a remis au monteur, et sur la direction de la contre-marche indiquée par l'équerre ouverte ou fermée qui la fixe sur le limon.

Avoir soin de tracer les trous plus grands que la marche, on trace de même les trous des contre-marches.

On procède ensuite à l'emmarchement en opérant comme il a été décrit plus haut, on ne scelle les marches et contre-marches que lorsque tout un étage est monté ; après avoir mis les fentons, on enlève l'échafaudage pour le refaire à l'étage suivant.

Avant de faire le plafond, il faut avoir soin de poser les pitons de la rampe pour éviter d'y faire des trous au moment de la pose de cette dernière, inconvénient qui se produit avec les rampes à col de cygne.

Pour les escaliers à la française, la pose est la même que pour ceux à l'anglaise, le montage du limon demande plus de soins et pour le tracé des trous dans les murs au lieu de se guider sur les crans on fait reposer la règle employée sur le dessus des cornières d'assise qui forment le dessous des marches.

Pour les escaliers à vis de Saint-Gilles, à l'anglaise ou à la française, 2 cas se présentent :

1° Avec tube central, 2° avec limon intérieur. Dans le premier cas (fig. 8, pl. 5 du texte) on commence par placer le tube en le fixant à sa partie supérieure aux fers de palier disposés pour le recevoir ; on y fixe également le limon et on scelle dans le sol la partie inférieure du tube et du limon après avoir vérifié si les crans du limon ou les équerres d'assise des marches sont bien de niveau ; on procède ensuite à l'emmarchement en commençant par le bas comme précédemment.

Dans le deuxième cas le montage est identique à celui des escaliers à l'anglaise avec contre-limons.

DEUXIÈME CLASSE

Escalier à dessous non apparent marches en pierre.

Ainsi que nous l'avons expliqué précédemment, ces escaliers diffèrent de ceux à marches en bois par l'adjonction d'une sous-marche portant les crochets du lattis métallique et par l'emploi d'entretoises reliant contre-marches et sous-marches.

On commencera par monter l'échiffre comme il a été dit plus haut, qu'il y ait ou non des contre-limons, l'échiffre bien réglée. Les contre-marches et sous-marches scellées, on pose le lattis métallique pour le plafond ; quand ce dernier est terminé et bien sec on pose les marches. On peut indifféremment commencer à emmarcher par le haut ou par le bas, mais il est plus facile de commencer par le bas.

Pour cela, on coule sur le plafond et sur l'ossature en fer un bain de plâtre clair, puis on pose la marche dessus, on peut également mettre une poignée de plâtre sous la marche en 5 ou 6 endroits différents, on la retourne et ce plâtre en séchant la scelle sur le plafond.

Le montage de ces escaliers doit être fait très soigneusement surtout quand il y a des marches balancées qui sont faites d'après Gabarits en bois relevés sur l'épure et qui doivent bien s'ajuster sur contre-marches et sous-marches.

Quand il n'y a pas de contre-limons il faut percer les trous de scellement des marches dans les murs latéraux avant de faire le plafond.

2° Escalier à la française.

Escalier à la française
Fig. 1
Coupe AB du plan fig 7
Escalier à marches démontables
Fig. 2
Escalier à marches démontables
Emploi de tasseaux en bois
Fig 3
Escalier à marches démontables
Système Leperche
Fig. 4
Coupe CD du plan fig 7
Escalier à la française
Fig. 6
Élévation
Fig 5
Escalier à vis de Saint-Gilles
Fig. 8
Plan
Fig. 7
ESCALIERS A LANGLAISE ET A LA FRANÇAISE

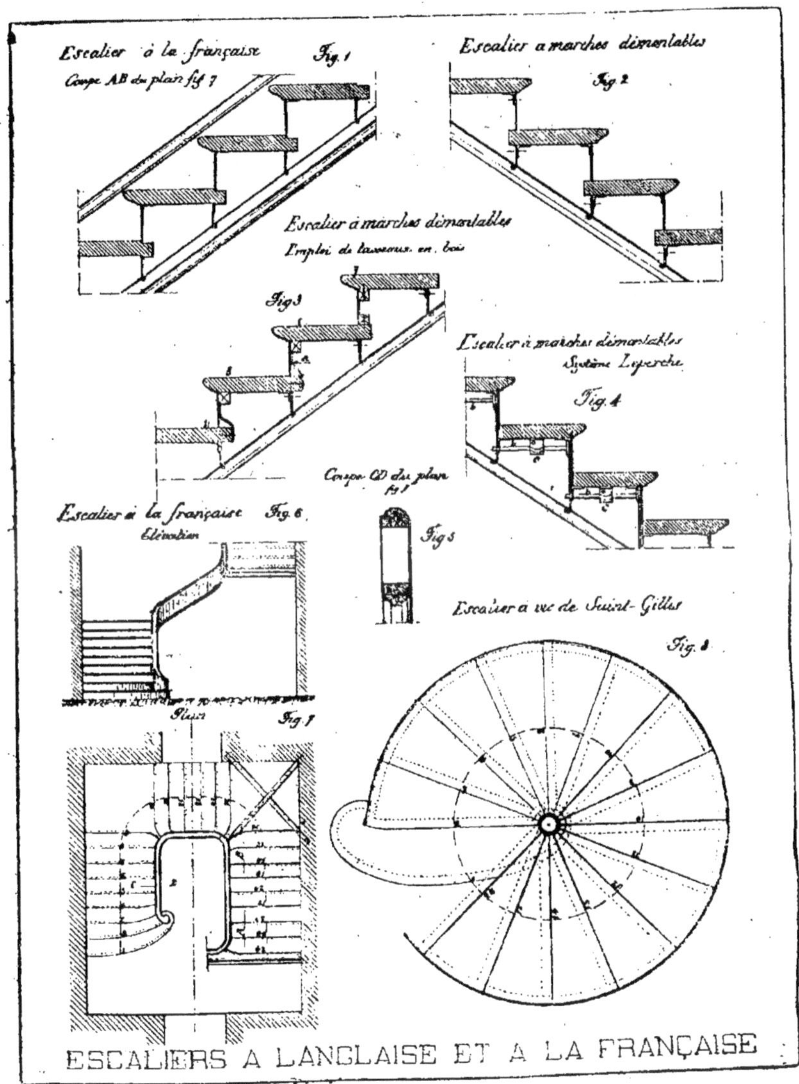

Planche 16

Le montage est exactement le même que pour les précédents.

Les escaliers à limons en stuc rentrent dans cette catégorie et ne diffèrent des précédents que par l'adjonction de la paillasse du limon, qui est formée de fentons, posés sur crochets rivés sur les cornières supérieures et inférieures des limons.

3° Escaliers à vis de Saint-Gilles.

Ce genre d'escalier se fait très rarement avec marches en pierre, le montage est plus simple, les marches reposant sur 2 limons ou sur 1 limon et sur des cornières d'assise fixées sur le tube.

TROISIÈME CLASSE

Escaliers à dessous apparent, marches en bois ou en pierre.

Pour les escaliers à l'anglaise, à la française et à vis de Saint-Gilles, le montage est le même et est plus simple que pour ceux de la première classe puisqu'il n'y a pas de plafond.

On commence par poser l'échiffre, puis on met les marches qui reposent généralement sur une cornière inégale employée comme contre-marche et sur une sous-marche sur lesquelles elles sont tirefonnées.

Dans ces escaliers le dessous des marches est raboté et elles sont moulurées à l'arrière.

QUATRIÈME CLASSE

Escaliers à marches mobiles et démontables.

Pour tous les systèmes d'escaliers à marches démontables, le montage se fait comme celui des escaliers à l'anglaise ou à la française avec marches en pierre.

Lorsque l'échiffre est posé, on fait le plafond et quand il est bien sec et que le gros œuvre du bâtiment est terminé on vient poser les marches.

1° Système ordinaire, à vis à métaux, (fig. 2, pl. 5 du texte) s'emploie toujours avec contre-limons et sous-marches ; on dévisse les cornières d'assise fixées sur les contre-marches et sur le limon, on les tirefonne sous les marches, on met ces dernières en place, on glisse devant le limon la contre-marche dans la rainure de l'avant de la marche, puis on met toutes les vis à métaux fixant contre-marches sur limons, et cornières d'assise sur contre-marches, c'est là que le montage devient très délicat pour que les trous taraudés soient bien en rapport avec les trous de passage.

2° Système avec tasseaux en bois emploie é[illegible]lement des contre-limons et des sous-marches.

L'échiffre montée, le plafond terminé, on tirefonne les crochets *a* (pl. 5 du texte, fig. 3) sur les marches, on met en place alternativement une marche et une contre-marche, on fixe ensuite les vis à métaux des crochets et vis à bois des tasseaux.

Dans ce système, on remplace avantageusement les crochets par des tasseaux en bois placés à l'arrière de la marche (marche 6, planche 5 du texte, fig. 3) il n'y a alors que des vis à bois à mettre, ce qui est beaucoup plus facile que les vis à métaux.

3° Système Leperche (breveté s. g. d. g.) n'employant ni sous-marches ni contre-limons avec contre-marches fixes.

Pour le montage on procède comme précédemment ; après que l'échiffre est posée et le plafond terminé, on fait l'emmarchement; il suffit pour cela de visser les crampons *c* (pl. 5 du texte, fig. 4) sous les marches, mettre ces dernières en place, puis introduire les boulons spéciaux *b* par l'avant des contre-marches, le coude étant horizontal, les tourner avec une clef à griffes de façon à amener le coude vertical et dirigé vers le bas et les marches sont fixées.

Ce système est le seul qui permette d'employer des marches en bois démontables pour les escaliers à la française.

Planche 33-34.

—

ESCALIER A LA FRANÇAISE A DOUBLE LIMON ET A DESSOUS APPARENT

Ce genre d'escalier se place au milieu d'une pièce pour accéder à une galerie ou à un appartement quelconque.

Il a deux limons, un intérieur et l'autre extérieur, servant de contre-limon.

A l'arrivée au palier, les deux limons se retournent *horizontalement en se réunissant pour former une cerce*, qui borde l'ouverture ménagée dans le plancher, pour l'emplacement de l'escalier.

Les deux limons sont à la française, dans le genre de celui de l'escalier à double révolution, représenté planche

112, (première partie du présent ouvrage), ils sont formés d'une tôle de 7 m., bordée haut et bas de moulures en fonte, qui y sont fixées par des vis à métaux à tête fraisée.

On peut modifier la décoration des limons, en y ajoutant des rosaces en fonte. au milieu de la hauteur de la tôle où on peut employer la disposition de l'escalier cité plus haut (planche 112 de la première partie du présent ouvrage).

A leur partie inférieure, les limons se terminent par une volute en fer, qui porte le pilastre de départ de la rampe.

A leur partie supérieure, ils forment cerce et sont accrochés sur les filets du palier au moyen de cales en fonte et de boulons ; les figures 6 et 7 représentent ces assemblages.

Pour débillarder les tôles, on emploiera le procédé indiqué pour les escaliers à l'anglaise, (planche 105-106 fig. 2 et 6 première partie du présent ouvrage), mais avec cette différence qu'à chaque cran on tracera complètement la marche, et le dessus du limon sera représenté par une ligne parallèle au nez des marches et y étant distante de 3 ou 4 cm.

Le dessous se tracera de la même manière, mais à 7 c. environ de l'astragale arrière de chaque marche comme le montre la figure 8 ci-après :

Les joints de limons se feront de préférence dans les parties droites, avec couvre-joints à l'intérieur, les boulons pour les fixer seront à tête fraisée dans le jour.

Les cornièresqui bordent les tôles à leur partie supérieure leur seront fixées par des rivets à tête fraisée dans le jour, placés tous les 0 m. 110 environ.

Les moulures sont en fonte, les supérieures auront un évidement sur toute leur longueur pour loger les têtes de rivets fixant les cornières ci-dessus ; on les fera fondre d'après modèles en bois que l'on débitera sur les limons mêmes quand ils seront débillardés.

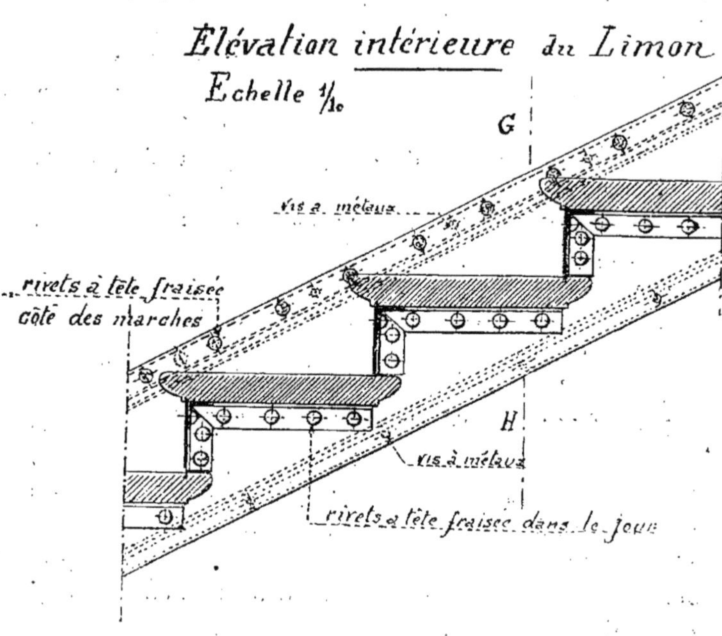

Fig. 8

Ces moulures seront fixées sur les tôles par des vis à métaux à tête fraisée.

Les contremarches sont formées d'une tôle bordée d'une cornière à leur partie supérieure ; le dessous de l'escalier étant apparent, elles ne portent pas de crochets pour le lattis du plafond.

Elle sont fixées à chaque extrémité aux limons, par des cornières verticales coupées d'onglets à leur partie supérieure (fig. 9).

Les marches peuvent être en bois ou en pierre, elles sont moulurées à l'avant et à l'arrière ; elles reposent sur la contre-marche et sur les cornières d'assises rivées sur les limons ; dans certains cas, pour de grands emmarchements, il est bon de les faire reposer à l'arrière sur une

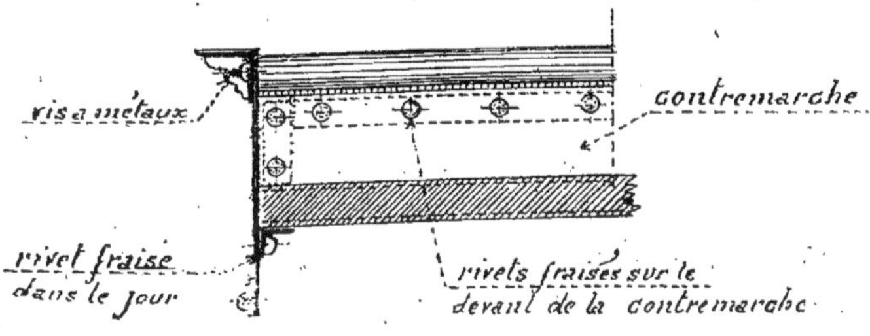

Fig. 9

sous-marche analogue à celles représentées planche 112, fig. 5, première partie du présent ouvrage.

Au palier d'arrivée, des plaquettes seront mises tout autour de la cerce horizontale.

Les filets sont composés de 2 fers à double T et reçoivent l'assemblage des fers du palier.

Quand l'emmarchement de l'escalier et le jour seront plus grands, on remplacera ces filets par des poutres composées en tôles et cornières.

Rampe

La rampe est formée de pilastres en fonte (fig. 4 et 5), qui sont vissés sur la partie inférieure des limons, et dont les têtes sont reliées par une bandelette en fer méplat.

Les pilastres de départ seront plus gros que les autres.

La main-courante en bois (noyer ou acajou) est vissée sur la bandelette. Au-dessus des pilastres de départ elle se termine par une volute et est surmontée d'une boule en fonte ou en cuivre.

Planche 35.

PANS DE FER

(*charpente d'usine*)

Nous avons indiqué sur la figure 3, la formes des fermes de cette charpente ; la couverture en tuiles est supportée par des lattis en cornières boulonnés sur les arbalétriers en treillis et sur 3 chevrons intermédiaires placés dans chaque travée de 5.000. Les poteaux montants qui reçoivent les fermes sont composés de 2 fers en U de 250 mm., maintenus à écartement intérieur de 10 mm. par 2 semelles 170×8 rivées sur les ailes (fig. 9, section ef). Ces poteaux sont reliés par 2 cours de traverses en fers à U de 220 formant caissons, réunies au moyen de boulons lorsque le remplissage est fait en maçonnerie et portant une semelle inférieure ou supérieure dans les parties vitrées. Les chevrons en fers à U de 80 mm. sont assemblés sur les traverses hautes, formant sablières comme nous l'avons représenté sur la figure 11 et sont soutenus sur leur longueur par 4 cours de pannes en fers double T. De petites consoles en cornières $\frac{60 \times 60}{6}$ avec âme de 8 mm., supportent le chéneau au droit de chaque forme.

Chaque poteau est fixé à sa base sur un dé en maçonnerie (fig. 10), il est à cet effet terminé par une semelle de 18, assemblée sur les fers à U par 4 cornières.

Le remplissage en maçonnerie est fait avec un briquetage de 220 d'épaisseur à joints apparents extérieurement.

Nous avons représenté figure 1, l'élévation du pignon, l'arbalétrier n'a plus dans ce cas la forme indiquée pour les fermes courantes et aura la même composition que les poteaux montants d'angle, c'est-à-dire qu'il sera formé de 2 fers à U de 250 mm. de hauteur, dont les âmes auront un écartement intérieur de 90 mm., maintenu par des semelles de 8 mm. Pour le poteau d'angle. l'une des semelles est remplacée par un fer à U de $\frac{250 \times 80}{8}$ de façon à permettre un léger encastrement de la maçonnerie et à cacher le joint vertical contenu (fig. 8, section cd).

La figure 8 nous montre que l'assemblage au moyen de goussets de 10 mm., est renforcé dans l'angle intérieur par 2 tôles de même épaisseur fixées sur les ailes du fer à U et des cornières $\frac{80 \times 80}{9}$ disposées sous l'arbalétrier ; ces tôles permettent également l'attache de la traverse supérieure de mêmes dimensions que la sablière réunissant les têtes des poteaux en élévation latérale.

Une porte de 5 m. 400 de largeur et 5 m. 00 de hauteur, placée au milieu du pignon, donne un accès facile à l'intérieur du bâtiment, en ce point la traverse formant poitrail, est composée de 2 fers à U de 250 mm. avec semelles de 8 mm. d'épaisseur. De chaque côté de l'ouverture les montants en 2 fers en U de $\frac{250 \times 80}{8}$ viennent soutenir la traverse haute et se continuent jusque sous l'arbalétrier par un fer double T de $\frac{250 \times 120}{8}$; c'est d'ailleurs avec 1 fer de même forme et mêmes dimensions que l'on a composé le montant intermédaire et celui du milieu.

Les détails A,B,C,D, (fig. 4, 5, 6 et 7), nous indiquent l'assemblage au moyen de goussets découpés de ces divers fers entre eux.

Les fers employés dans la construction des cadres de vitrage sont des cornières $\frac{40 \times 40}{5}$ et des T $\frac{35 \times 40}{5}$. Les cornières de lattis se prolongent d'environ 0 m. 400 en avant de la façade du pignon et sont reliées par une cornière $\frac{60 \times 60}{6}$ sur l'aile verticale de laquelle on rive un large plat.

Planche 36

PANS DE FER

(*Charpente d'entrepôt*)

La construction des bâtiments à étages, est un peu différente ; nous avons considéré le cas d'un bâtiment devant servir d'entrepôt et dans lequel on a ménagé à chaque étage de larges ouvertures pour la manutention des marchandises. Le plan du rez-de-chaussée donne les dimensions de cette construction (figure 1 du texte).

L'ossature métallique comprend des piliers, de section différente suivant leur emplacement, reliés entre eux au droit des planchers par des traverses.

Les piliers reposent sur la maçonnerie au moyen d'un patin en tôle et cornières qui réunit leurs pieds.

Les piliers d'angle dont nous donnons la section horizontale ab, dans la planche 36 et l'élévation sur la figure 2 du texte, sont à treillis, et comme toutes les pièces de cette construction, affectent la forme de caissons.

Les barres de treillis en 50 × 7 sont rivées soit sur les

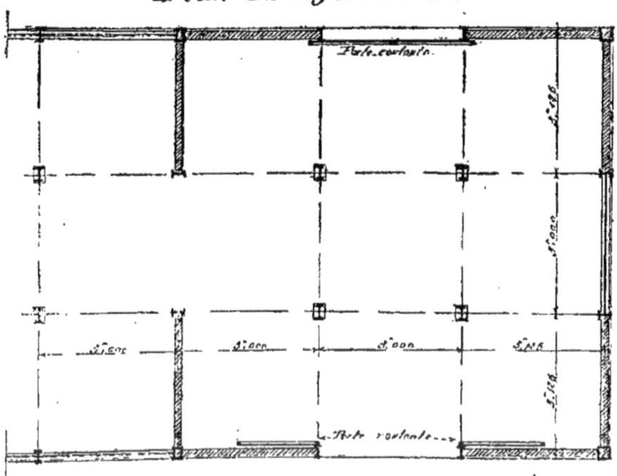

Fig. 1

ailes des cornières $\frac{60 \times 60}{8}$, soit sur des fers plats, placés en façade comme couvre-joints. A chaque étage et en certains points de la hauteur des piliers, les barres sont supprimées et remplacées par des tôles de 7 mm. et de 0,300 de hauteur.

Au droit des murs de refend, les piliers ont la section que nous indiquons dans la coupe cd ; et nous donnons, figure 3 du texte, l'élévation de cette partie.

Quatre cornières d'angle, 2 âmes en treillis 50 × 7 et 2 semelles, dont l'une en fa-

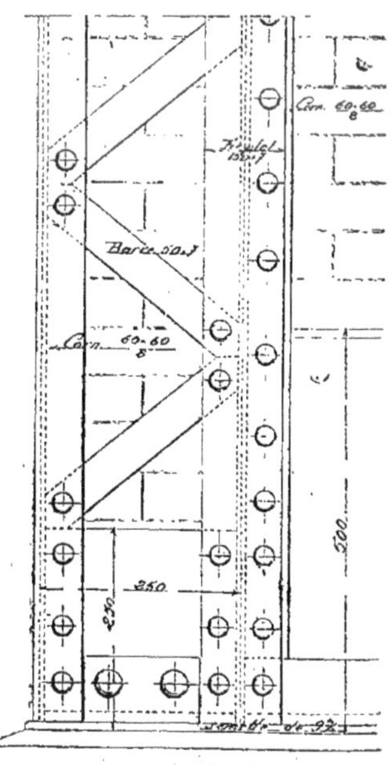

Fig. 2

çade est formée d'une tôle pleine et dont l'autre est composée de barres et est complétée par 2 cornières $\frac{60 \times 60}{8}$

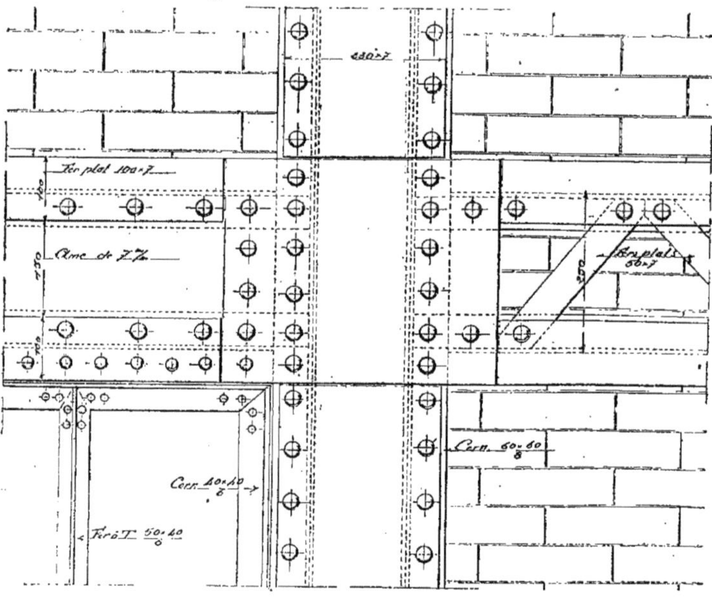

Fig. 8

entre lesquelles se trouve la maçonnerie. Cette disposition est applicable au cas où les murs d'élévation se trouvent des deux côtés du pilier ; mais comme en certains points se trouvent des parties vitrées il y a lieu de modifier cette section en ajoutant sur toute la hauteur correspondante, une tôle pleine fixée sur les cornières ainsi que nous l'avons représenté.

Les piliers intermédiaires du pignon ont une forme analogue, avec semelles en tôle sur les deux faces, afin de permettre l'attache des poutres de plancher dont nous donnons la section kl et qui sont de plus supportées par des consoles ; contre ces poutres se fixent les solives.

Les piliers secondaires qui forment montants des portes en séparation de deux parties vitrées, sont en double T, composés d'une âme 250 × 7, de 4 cornières $\frac{70 \times 70}{9}$ et de 2 semelles 150 × 7 et 120 × 7, ainsi que l'indique la sec-

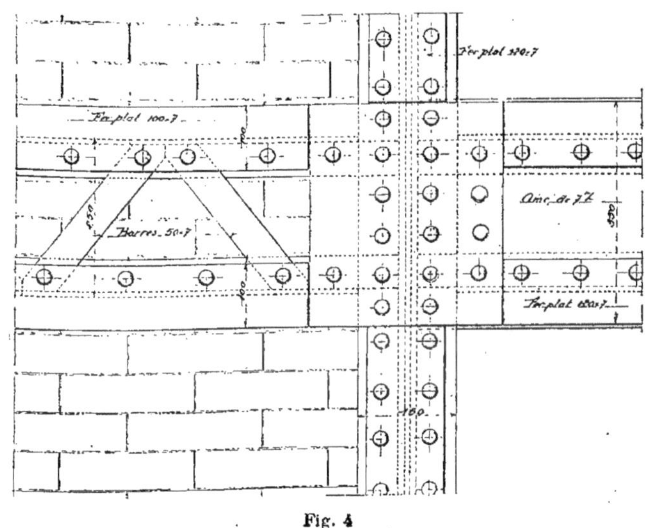

Fig. 4

tion ef. Le détail (fig. 4) nous montre cette construction au droit de l'une des portes roulantes ; l'assemblage des poitrails sur les piliers se fait avec des goussets de 7 mm. d'épaisseur et cornières courantes.

Les traverses dont la coupe gh nous donne la forme générale, ont ou toutes leurs faces composées de barres de treillis, ou trois faces garnies de tôles pleines ; le premier cas trouve son application lorsque la maçonnerie règne au-dessus et au-dessous de la traverse, dans le second cas au contraire, le remplissage inférieur est fait au moyen d'un vitrage.

La dernière traverse sert de sablière au comble Mansard et de support au chéneau.

Le comble comprend une série de fers à double T, espacés de 1 m. 000 environ d'axe en axe, réunis entre eux par des boulons de 14 mm. de diamètre à 4 écrous. A la partie supérieure ces fers s'assemblent sur une sablière en double T, de 120 ailes ordinaires ; l'entrait a la même force et les arbalétriers du faux comble ont une forme analogue mais une hauteur de 140 mm.

Le remplissage des panneaux et des caissons se fait avec des briques apparentes à l'extérieur et pour compléter l'entretoisement des montants, on place dans la hauteur de chaque panneau 2 tiges de 22 mm., filetées aux extrémités qu'il est aisé de maintenir avec 4 écrous sur les âmes des piliers.

Planche 37

—

RAMPES DE PERRON

Les quatre modèles de rampe que nous reproduisons sur cette planche sont d'un travail assez facile à exécuter et, pourtant, donnent un aspect de richesse dans leur simplicité.

Elles conviennent parfaitement pour petite maison bourgeoise et devront s'approprier à l'ensemble de l'architecture.

La rampe de style moderne sera traitée avec des barreaux en fer carré de 0m018 et le remplissage en fer méplat de 16×7 ajusté avec des vis tête ronde assez grosses, car elles jouent un rôle dans la décoration.

La console de départ en fer méplat de 20×14 et les petites volutes en fer plus fin en 18×9 ou même 18×7.

La rampe du style Louis XVI peut être confectionnée avec les mêmes forces de fer, les carreaux en 20 × 14 ou 20 × 11, les traverses de la même force que le barreaudage. Si on veut donner un peu plus de richesse, on peut ajouter sur les traverses un petit fer mouluré donnant l'aspect de colliers.

Les culots pourront être en tôle repoussée au marteau ou en cuivre rouge, ce qui, à l'extérieur, est d'une durée beaucoup plus grande.

La rampe du style Empire, constituée avec des barres droites de 20 × 14, est d'un prix de revient fort peu élevé ; une rosace en fonte à l'intersection des barres conviendrait mieux qu'une en tôle repoussée.

C'est dans le pilastre de départ que réside tout le gros travail. Il est formé d'une tige centrale en fer rond de 0m018 à 0m020 et pénètre à scellement dans le noyau du limon ou dans la première marche de l'escalier. La gaine est composée de petits fers carrés de 0m009 ou 0m011, ajusté sous le premier plateau supérieur ; ces fers se réunissent en un faisceau dans le culot du bas ; sous ce culot se trouve une embase tournée qui termine le pilastre de la rampe.

La rampe du style Régence devra être exécutée avec soin ; les rinceaux en fer léger 18 × 14, 18 × 11, 18 × 9, devront être d'un tracé irréprochable pour conserver à l'ensemble la grâce et la légèreté que l'on remarque toujours dans ce style.

Petite grille moderne de vestibule. — Cette grille, art nouveau, est à deux vantaux égaux ouvrants à l'intérieur. Son ornementation se trouve savamment disposée dans l'ensemble, la ligne droite domine. Une frise forgée encadre chaque vantail, et dans l'imposte le feuillage en fer forgé, également rappelé aux poignées et à la béquille de la serrure, donne à l'ensemble une note bien moderne.

Détails techniques. — Bâti fixe plat 40 × 27 et parcloses 45 × 7 et 45 × 4. Cadres pivotants 40 × 27, 40 × 20 et 40 × 18, battements 40 × 7. Ornements 20 × 6. Quatre châssis à glace à l'intérieur, deux dans l'imposte, un dans chaque vantail en fer rainé de 18 × 18. Soubassement en tôle 3 millimètres, cornière 30 × 30 et moulure Nozal 22 × 13, à l'extérieur table saillante en tôle de 5 millimètres, à l'intérieur cadre applique en 20 × 5. Paumelles et serrures comme dans la précédente.

Planches 38-39

—

ESCALIERS A L'ANGLAISE A DOUBLE VIS SAINT GILLES

On emploiera ce genre d'escalier pour donner accès à une galerie ou aux différents étages d'une maison très fréquentée ; un escalier peut servir à la montée et l'autre à la descente.

Celui représenté (planches 38-39), a un emmarchement de 1 m. 20 et un jour de 1 m. 00 de diamètre ; il n'est pas possible de réduire ces dimensions, autrement l'échappée ne serait pas suffisante.

Les limons sont à l'anglaise et peuvent être accrochés aux paliers sur des filets ou bascules ; il faut alors qu'ils soient débités dans de la tôle de 8 mm. d'épaisseur au minimum ; ou dans de la tôle de 6 ou 7 mm. d'épaisseur, à condition de les soutenir par des colonnes en fonte, ainsi que l'indiquent les figures 3 et 4, ces colonnes porteront un empâtement avec talon (fig. 3 et 6) à l'endroit des limons qui y sont fixés par des boulons.

A leur partie supérieure les colonnes sont reliées entre elles par une entretoise en fer plat, qui sert en même temps à porter la plaquette du palier.

Les limons s'assemblent à la partie supérieure des colonnes au moyen d'équerres et de boulons.

Les limons se tracent et se débillardent de la même façon que ceux des escaliers à l'anglaise représentés planche n° 105-106 (première partie).

Les marches sont en bois, les 2 premières étant en pierre.

Les contre-marches en tôle de 3 mm. ont des crochets pour porter le lattis métallique du plafond.

La rampe est à col de cygne à barreaux ronds, avec main-courante en fer.

On peut mettre également sur ce genre d'escaliers, une rampe à barreaux ronds ou carrés avec des pitons en fonte.

Planches 40-41

CROISÉE EN FER RAMPANTE CINTRÉE EN PLAN ET EN ÉLÉVATION

Planche 40

Cette croisée est placée dans une cage d'escalier circulaire dont les baies sont décrochées ; la pièce d'appui suit le rampant des marches, l'imposte en circulaire plein cintre rabattue suivant le rampant de l'appui.

Le plan de la croisée est circulaire suivant l'intérieur de la cage.

Pour obtenir le cintre de l'imposte rabattu suivant le rampant on opère ainsi : après avoir fixé la largeur de la croisée, figure 1, soit 1 m. 64 cm. de A en B, on décrit la demi circonférence provisoire, ACB, que l'on divise en parties égales aux points 1-2-3-4 et C représentant l'axe ; par chacun de ces points on trace des lignes verticales prolongées et les horizontales 1-1 — 2-2 — 3-3 et 4-4, on tire ensuite la base d'imposte A'B' suivant le rampant de l'appui, on porte la hauteur DC de D' en C', on tire les lignes inclinées intermédiaires 1'-1' 2'-2' etc., aux mêmes hauteurs que celles 1-1 2-2 etc. qui rencontrent les verticales prolongées et dont les intersections donneront le cintre rabattu, suivant le rampant et représenteront l'intérieur du chassis dormant de la croisée.

Ensuite on fera paraître la traverse d'imposte suivant les détails donnés à la planche suivante. N° 41.

Les montants des vantaux seront à noix dans ceux du chassis. Le battant à côtes ne sera pas à gueule de loup et mouton, mais à feuillures car le développement de la croisée dans la cage s'y oppose.

On fera ensuite la division des petits fers.

La figure 2 représente la coupe sur l'axe de la cage et de la croisée, le vantail de gauche est vu en racourci et en place.

Au moyen des ordonnées en lignes ponctuées, on peut en suivre la construction, les unes sortant du plan et remontées dans la coupe au moyen d'arcs de cercle et rencontrant les ordonnées horizontales partant de la figure 1, indiquent par leurs intersections les courbures en raccourci de la croisée en coupe.

La croisée aura donc une hauteur de 2 m. 90 c. sur une largeur mesurée en ligne droite de 1 m. 64 c.

Les plans, élévation et coupe sont dessinés à l'échelle de 5 c. par mètre.

Planche 41

—

DÉTAILS ET DÉVELOPPEMENT DE LA CROISÉE CINTRÉE, pl. 40

La figure 1 représente le plan du chassis dormant de l'imposte.

Après avoir fixé les points 1-2-3 et 4 dans ce plan aux

mêmes emplacements que ceux de la planche précédente, on opère le développement de la cerce HGJ au moyen de chaque portion 1-2-3 et 4 en EGF ; à chacun des points on élève des perpendiculaires, puis on fixe la ligne inclinée AB, les points A et B étant placés à la même hauteur que ceux de la planche précédente. (Nous disons même hauteur mais non même inclinaison, puisque le développement du plan est opéré).

On tire ensuite les autres lignes inclinées mêmes hauteurs que celles de l'autre planche, les intersections aux points 1-2-3-4 donneront le cintre de l'imposte.

On opèrera le second développement de ce cintre qui donnera en A'B', la longueur du fer à employer pour faire le châssis dormant de l'imposte.

La figure 2 représente la section du montant ou battant grandeur d'exécution avec sa feuillure et la noix du montant mobile, la moulure et feuillure à verre, la paumelle fixée au montant et au châssis dormant au moyen de vis à métaux à têtes fraisées.

Les figures suivantes représentent :

Figure 3, les petits fers moulurés et verticaux.

La figure 4, le battant à côtés avec la crémone.

La figure 5, la pièce d'appui inclinée, formée au moyen d'un fer cornière à talon recouvert d'une tôle cintrée de 1 mm. et 1/2 d'épaisseur.

La figure 6, l'assemblage des traverses formant jet d'eau.

La figure 7, les petits fers de division à profil moulurés, inclinés et cintrés en plan.

La figure 8, les battants circulaires d'imposte et châssis dormant.

La figure 9, traverse d'imposte, traverses des vantaux et traverse à jet d'eau d'imposte.

La figure 10, les assemblages à mi-fer des petits fers moulurés avec projections des entailles.

Enfin la figure 11, les assemblages des petits fers avec les montants ou les traverses des vantaux, au moyen de petites équerres :

Ces divers fers sont réunis entre eux par des vis à métaux de 3 mm. de diamètre à tête fraisée.

Planche 42

GRILLES D'ASCENSEUR

(*Art nouveau*)

Dans cette planche nous représentons deux grilles d'ascenseur, dans les deux cas les plus fréquents.

L'une (fig. 1), est prise dans la rampe et se trouve au même plan qu'elle, lorsque l'ascenseur est placé dans la cage même de l'escalier.

L'autre (fig. 2), est placée entre murs, dans une baie qui donne sur la gaîne en maçonnerie dans laquelle on place aussi souvent les ascenseurs.

Leur pose, c'est-à-dire la façon de les fixer solidement, diffère beaucoup suivant la structure de l'escalier ou du parquet et des fers qui le limitent sur le vide.

1° Quand la rampe est comme dans le dessin figure 1, sur limon à la française, on étudie la composition du limon qui peut être en bois plein ; — en une seule tôle de fond et bois appliqué, — en 2 tôles et bois seulement dessus et dessous ; — ou en stuc sur limon fer garni de grillages formant paillasse ; il n'est pas possible de donner une règle et un modèle de fixation pour tous ces cas qui varient à l'infini ; la pratique et l'étude seules, les résolvent à chaque fois qu'ils se présentent.

2° Pour l'escalier à l'anglaise :

En règle générale, la porte d'ascenseur dans la rampe se fixe :

Ou par des patins forgés de 200 × 80 × 11 chanfreinés sur les rives et soudés aux extrémités des montants dormants de 40 × 20, de façon à plaquer sur le limon et revenir par un coude au plan vertical de la rampe.

Ou par des pitons semblables à ceux de la rampe. Les montants dormants sont alors de 20 ou 22 carré, se posent à goujons sur les pitons et sont renforcés aux 3/4 de la hauteur, par des contreforts du côté du palier, qui viennent se fixer sur le bois du parquet. C'est moins pratique, mais les architectes l'exigent quelquefois.

3° Quand la grille est dans le cas de la figure 2

On se fixe au moyen des 2 montants dormants de la porte sur les fers intérieurs du plancher, quand c'est possible, sinon on envoie leurs scellements à 45 degrés environ dans le plancher, en y faisant un bloquage au plâtre mêlé de briques cassées, sur lequel on applique une lambourde.

La porte (fig. 1), se compose de 2 montants dormants de 40 × 20 jusqu'à la hauteur du fronton de porte, et là il se fond par une doucine ou un talon, avec le 20 × 20 qui fait le cintre surbaissé et qui a pour fonction de maintenir l'écartement des montants, toujours à craindre dans ce cas et toujours désastreux pour le bon fonctionnement de la cabine.

Le vantail se compose d'un châssis carré de 20 × 20 dont les 2 angles haut et bas, *côté paumelles* doivent être *soudés et non assemblés*, et d'un remplissage en 14 × 14 élégi, étiré ou renforcé aux endroits indiqués par le dessin.

Comme ferrure, 2 paumelles ordinaires et une paumelle Dubourg.

La paumelle Dubourg est à ressort et se pose en bas pour la fermeture automatique.

Le bec de cane Gollot est généralement employé.

Les consoles d'amortissement sur la rampe sont, sur le dessin, légèrement dissemblables de l'une à l'autre, quoique leur ensemble soit le même, on peut les faire en 18 × 14 ou en carré de 16 ou 14 ; le 18 × 14 est préférable parce qu'il est moyen et qu'il voisine avec un gros fer de 40 × 20 et une main courante en bois qui a généralement 70 mm. de largeur.

Les renflements indiqués doivent être obtenus par le forgeron.

Il faut éviter que les assemblages aux croisements se confondent au même plan.

Les feuillages de tous genres se font en tôle, en cuivre rouge ou en cuivre jaune, ce n'est qu'une affaire de goût et aussi de prix.

Pour la grille que représente la figure 2, les attaches principales des deux montants près de la porte seront, ainsi qu'il est dit plus haut : ou a même la solive en bordure du vide, ou à scellement dans le plancher.

Les montants ne sont pas réunis par une traverse parce qu'ils sont près du mur et qu'ils y sont reliés par de *courtes* barres horizontales, fortement goujonnées et goupillées sur un montant sur mur, qui porte lui-même des scellements dans la maçonnerie.

Au besoin on établit un équerrage du côté du vide de la cage, pour empêcher le ballottement produit par la fermeture incessante de la porte, chassée violemment par le ressort.

Les châssis sont en 20 × 20, les remplissages en 18 × 14, 18 × 11, soudés aux tôles découpées en 5 mm., quant au dessin, il sera indiqué de grandes largeurs, passant par dessus d'autres fers.

La boucle de serrure indiquée sur le dessin (fig. 2), par opposition à la poignée du dessin (fig. 1), se met surtout

Pl. 17. — Grille d'ascenseur.

MM. Schwartz et Meurer successeurs de MM. Schwartz, Meurer et Bergeotte.

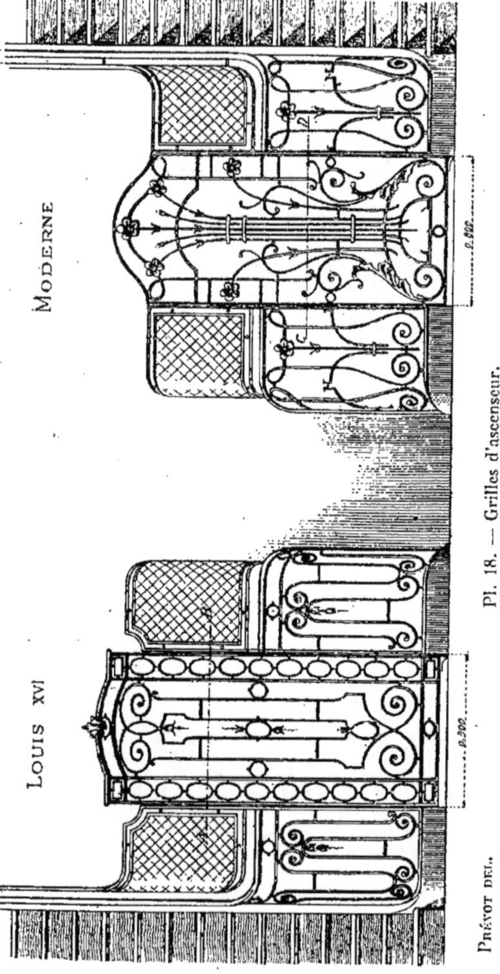

Prévot del.

Pl. 18. — Grilles d'ascenseur.

Grille d'ascenseur:

MM. Schwartz, Haumont, successeurs de MM. Schwartz, Meurer et Bergeotte.

du côté *cabine* quand l'espace est restreint et que l'on craint les frôlements au passage de celle-ci.

On y met indifféremment la paumelle à ressort ou le ressort à torsion FL ou la paumelle saillante en bas.

En général, pour ce nouveau genre de serrurerie artistique, il faut d'abord avoir un dessin grandeur d'exécution bien fini et étudié avec coupes horizontales et verticales, ensuite un forgeron intelligent, car presque tout est forgé dans ces portes et l'ajustage est secondaire.

Leur caractère d'art dépendra de la façon dont on traitera ces fers.

Nota. — Il est nécessaire : 1° de faire passer doucement d'un plan à l'autre par des inflexions légères les fers les uns derrière les autres avec saillies de 3 à 5 mm. 2° de souder à grand allongement un fer carré ou méplat, sur une tôle découpée de 5 ou 6 mm. sans talon brusque. C'est-à-dire que la pièce finie doit donner l'impression d'un *fer unique*, étiré, aminci, ou renflé sans soudure.

La valeur du nouveau style est autant dans son exécution que dans le dessin ; il faut accentuer les saillies, les bosses de tous genres par opposition aux trop nombreuses grilles et ferronneries, faites dans les 50 dernières années, qui ressemblent trop au découpage ou à la fonte par leur platitude.

Planche 43

DEUX MARQUISES, STYLES LOUIS XV ET RENAISSANCE

Voir les détails page 148 du texte

La marquise représentée figure 1 est forme éventail, caractéristique de l'époque Louis XV.

Cette marquise pourrait être placée en façade d'une propriété ou d'un hôtel particulier de même style.

Elle est composée d'un chéneau ayant comme face avant une hauteur de 0m20 aux extrémités et 0m28 au milieu sur 0m20 de largeur invariable de fond.

Ce chéneau reçoit 2 moulures et motifs en appliques.

Panne en fer plat de 7 millimètres d'épaisseur, 0m10 de hauteur sur le milieu et de face et 0m07 seulement aux extrémités. Moulure Nozal 60 × 30 (nº 657) dont le profil est raboté sur 13 millimètres à la base.

Les chevrons cintrés en plan de profil T de 35 × 40 sont terminés en about et de face par un feuillage rocaille en tôle martelée et relevée de 1 millimètre d'épaisseur ; les 2 chevrons du milieu sont prolongés et s'assemblent sur la paroi arrière du chéneau pour donner de la rigidité à la partie centrale de la marquise.

Deux consoles en fer forgé épousent en plan le cintre donné par le chéneau au même plan.

Les enroulements de section de fer variables sont habillés, à la demande, comme décoration, de feuillages de même composition que ceux fixés en about des chevrons.

Détails

La figure 1, planche 43, représente la vue en plan.

La figure 2 représente la coupe et profil dans l'axe.

La figure 3 donne le détail en coupe du chéneau.

La figure 4 donne le détail en coupe de la panne.

La figure 5 donne le détail de l'about des chevrons.

Le poids est d'environ 275 kilogrammes ; le prix approximatif : **1.000 francs.**

La marquise représentée figure 2 est de forme inscrite dans un rectangle.

Elle est composée d'un chéneau en fers larges plats qui mesurent extérieurement 0m233 de largeur et 0m23 de hauteur.

Ce chéneau reçoit, intérieurement, sur 3 faces, un vitrage à 3 pentes ou croupes, formé par 2 arêtiers en fer T de 40 × 55 sur lequel viennent s'assembler les chevrons en fer T de 35 × 40. Ces chevrons et arêtiers, coudes au droit du chéneau, sont prolongés sur chaque face des deux versants pour donner à la partie extérieure, en porte à faux, la rigidité nécessaire. Au droit de ces chevrons vient se fixer sur le chéneau un motif en corne de bélier et qui semble soutenir et accompagner chaque chevron. Un fleuron de forme carrée est fixé en about des chevrons et donne à cette marquise un aspect défensif, caractéristique de l'époque Renaissance.

Deux moulures en applique aux deux parois verticales du chéneau en complètent l'ornementation.

Deux fortes consoles en fer forgé supportent cette marquise et sont composées d'enroulements de sections variables, habillées de colliers, embases, pontets et feuillages en tôle martelée et relevée de 1 millimètre d'épaisseur, suivant le style approprié à la marquise (voir les détails page 148)

La figure 6, planche 54, représente la vue en plan.

La figure 7 représente la coupe et profil dans l'axe.

La figure 8 donne le détail en coupe du chéneau.

La figure 9 donne le détail des fleurons en about des chevrons.

Le poids est d'environ 500 kilogrammes ; le prix approximatif est de **1.600 francs**

Ces prix sont indiqués suivant la série de la Société Centrale des Architectes.

Pl. 19. — Grand jardin d'hiver.
MM. Chapuis et Chauveau ferronniers d'art.

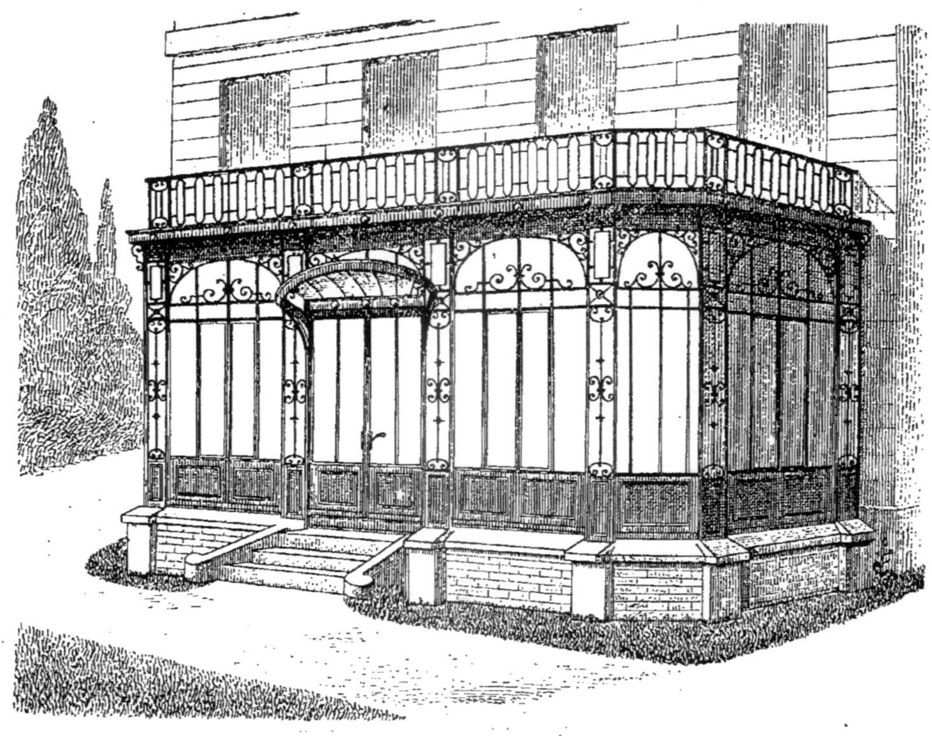

Ch. Gilbert.

Pl. 20. — Vérandah adossée avec terrasse.

Planche 44

GRILLES DE CLOTURE

(Simple et art nouveau)

Cette planche représente six types différents de grilles de clôture, se fixant sur bahut en maçonnerie plus ou moins élevé suivant les circonstances. Les 3 premiers types appartiennent au style moderne et les 3 autres sont de construction courante sans aucun style conventionnel.

La grille n° 1 se construira en fer carré, en faisant aux points de croisement, des assemblages à mi-fer.

La grille n° 2 sera avec barreaux en fer carré ou méplat ; la décoration appliquée sur la face postérieure sera en tôle découpée vissée sur le plat des barreaux.

Le grille n° 3, se fera de préférence en fer méplat assemblé au moyen de rivets, avec quelques points soudés ou assemblés avec tenon et goupille sur les arceaux supérieurs.

Les grilles nos 4, 5 et 6 peuvent se construire avec barreaux entièrement ronds ou carrés, mais on obtiendra un excellent effet en alternant les barreaux ronds avec la section carrée. Les ornements courants seront en fer plat de 14 à 20 mm. de largeur et de 5 à 9 d'épaisseur. Les lances, pointes ou pontets seront rapportés en fonte, en fer estampé ou bien en fer forgé.

La planche contient, en outre, quelques détails d'assemblage de traverses avec des barreaux ; on conçoit que les traverses en fer plat, en fer U ou en cornière peuvent recevoir indistinctement des barreaux en fer carré ou rond, mais la dernière disposition de traverse, formée de 2 U moisés, réclame l'emploi exclusif du fer carré pour les barreaux qui doivent s'assembler dessus.

Planche 45

FERMETURE ENROULÉE

Les fermetures des larges baies se font ou à rideaux ou enroulées ; ces deux dispositions donnent de bons résultats comme légèreté et facilité de manœuvre.

Nous avons étudié sur la planche n° 45, une fermeture enroulée pour baie de 2 m. 50 de largeur et 3 m. 00 de hauteur ; il nous a paru intéressant d'indiquer sur le dessin la menuiserie métallique de cette baie (coupe EF et coupe AB), elle est telle que nous l'avons décrite dans la première partie de cet ouvrage et nous n'insisterons que sur les traverses en fers à U de 60 mm. qui intérieurement sont doublées de moulures en bois.

La menuiserie en bois de la devanture ne devant présenter qu'une faible saillie extérieure, nous avons été conduit à placer le mécanisme d'enroulement sous le mur de façade (coupe AB). La tôle ondulée de faible épaisseur, est terminée à la partie inférieure par une lame droite en tôle de 2 × 140 mm. raidie par un fer à T $\frac{40 \times 30}{4}$ dont l'aile portera sur la marche palière. A la partie supérieure de la coupe AB nous avons supposé la tôle enroulée et le dessin nous montre que l'aile de ce même fer à T, vient butter contre une cornière de $\frac{20 \times 30}{4}$ et limiter ainsi la course.

Il est évident que pour que la manœuvre de cette fermeture se fasse aisément, il est nécessaire que la tôle ondulée soit guidée à chacune de ses extrémités et sur toute la hauteur d'ouverture.

A la rigueur on pourrait se contenter de fers à U, mais le balancement de la tôle et son frottement contre les ailes, produisent un bruit très désagréable et une usure rapide ; pour remédier à ces inconvénients, les divers constructeurs ont imaginé d'interposer des lames de bois ou des lanières de cuir. Sur le dessin (coupes AB et EF), nous avons indiqué entre les ailes du fer à U de 60 mm. des glissières en chêne de 15 mm. d'épaisseur.

La tôle ondulée est fixée et s'enroule autour de 3 galets en fonte fixés sur un axe en fer de 25 mm. de diamètre (coupe CD). Ces galets de 70 mm. de largeur sont maintenus en place par des rondelles goupillées et l'arbre porte sur deux coussinets faits avec de la cornière forgée, une goupille les empêche de tourner. Ces coussinets sont rivés sur une tôle de 6 mm. d'épaisseur scellée en tableau et dont le prolongement sert d'appui à la glissière, de manière à ce que l'écartement de 140 mm. entre les deux axes, soit invariable.

Les galets d'enroulement sont creux et portent à l'intérieur un ressort dont une extrémité est fixée sur l'arbre et l'autre sur le tambour ; ce ressort est disposé de façon à équilibrer par sa tension le poids de la tôle, c'est-à-dire qu'il se trouve complètement tendu lorsque la fermeture est au bas de sa course ; dans ces conditions il suffira d'un effort insignifiant pour soulever ce rideau.

Tout ce mécanisme est enfermé dans une caisse en tôle de 3 mm., avec cornières d'angle et équerre moulurée comme nous l'avons représenté sur la coupe AB. La cornière ayant $\frac{60 \times 80}{6}$ sert à fixer le buttoir et sur son aile horizontale la traverse haute du châssis vitré.

Planche 46

—

PASSERELLE COUVERTE

Lorsqu'il est nécessaire d'établir à une certaine hauteur un passage entre 2 constructions, on peut employer le type de passerelle couverte que nous représentons sur la planche n° 46.

Telle que nous l'avons figurée, cette passerelle a 16 m. 000 de portée et 4 m. 200 de largeur intérieure.

Le tablier est formé de 2 poutres maîtresses de 1 m. 000 de hauteur, reliées tous les mètres par des solives en fer I $\frac{220 \times 65}{8 \times 10}$; ces poutres sont composées de 2 semelles 300 × 10, 4 cornières $\frac{100 \times 100}{10}$ et une âme 980 × 10. L'attache des solives se fait avec des équerres rivées sur la solive et boulonnées sur la poutre ; de plus, pour raidir les poutres et permettre de supporter les parois vitrées et la toiture, nous avons placé tous les 2 mètres des consoles en cornières $\frac{60 \times 60}{7}$ avec âmes de 8 mm. d'épaisseur. Les fers à doubles T, solives de cette partie en encorbellement, sont reliés par un fer à U de $\frac{220 \times 70}{9}$ fixé au moyen d'équerres en cornières $\frac{100 \times 100}{12}$.

Pour former plancher nous avons établi des voûtes de 1 m. 00 de partie en briques de 0 m. 11 cm., dont les reins sont bétonnés ; les lambourdes du parquet en chêne de 0 m. 034 mm. d'épaisseur, sont noyées dans le béton.

Sur cette planche nous avons donné quelques détails complémentaires, c'est ainsi que l'emplacement des fermes légères qui supportent la couverture est indiqué par des colonnes en fonte placées tous les 4 mètres.

Entre ces colonnes se trouve un vitrage avec châssis ouvrants ; le garde corps est appliqué contre une feuille de tôle doublée elle-même intérieurement de bois.

Les colonnes sont reliées par un fer à double T qui supporte la toiture, dont l'entrait un peu surélevé permet le plafonnage.

Pour rompre la monotonie des lignes droites, plutôt que pour supporter les poutres, nous avons placé de grandes consoles en fonte dont le seul but est la décoration.

PASSERELLE

(*Poutres en V*)

Dans la première partie de cet ouvrage nous avons donné différents types de passerelles, les uns avec âme pleine, d'autres avec parois en treillis ; sur la planche n° 46, nous donnons un nouveau type avec poutres en V.

La portée entre culées est de 10 m. 00 et la largeur des poutres de rives est de 10 m. 800. Chacune des poutres est composée de membrures sur lesquelles se rivent les barres de treillis ; les membrures dont nous avons indiqué le détail, sont formées d'une semelle 200 × 10, d'une âme en large plat 200 × 10 et de 2 cornières $\frac{70 \times 70}{9}$, quand aux barres, elles sont de 2 sortes, en cornières $\frac{65 \times 65}{8}$ ou $\frac{50 \times 50}{6}$.

Pour river les barres sur les membrures et pour relier entre elles les cornières, éléments d'une même barre, nous disposerons des paquets de 3 fourrures de 10 mm. d'épaisseur.

A la partie inférieure, au point de rencontre des barres et au droit des nœuds supérieurs, nous avons boulonné des solives en fer double T de 100 mm. de hauteur sur lesquelles nous fixerons des pièces de bois pour recevoir le platelage en bois de 45 mm. d'épaisseur.

Comme la forme du treillis laisse de grands vides entre les barres, nous placerons un garde-corps intérieurement avec main-courante en fer rond.

La hauteur des poutres est de 1 m. 500 et l'espace libre pour la circulation est de 1 m. 800.

L'appui sur les culées se fait au moyen de sabots en fonte analogues à ceux décrits d'autre part et qui reposent sur des sommiers en pierre dure, par l'intermédiaire de feuilles de plomb.

Planche 47

PYLONES ET POTENCES

1° *Potence pour signal d'arrêt.* — Le grand nombre de voies que l'on est obligé d'établir dans les gares, ne permet que difficilement l'installation de mâts de signaux. Pour remédier à cet inconvénient on a monté, dans les gares importantes, des passerelles à palier de peu de largeur ou même sans points d'appui intermédiaires et sur lesquelles on est venu installer les disques et leur mécanisme ; de cette façon les voies ne sont plus encombrées par des quantités de fils et la visite des appareils est plus aisée.

C'est dans le même ordre d'idée qu'on a également

construit des potences dont nous donnons un exemple sur la planche n° 47. Elle se construisent avec plus ou moins de longueur suivant les besoins et on y accède par une échelle en fer, formée de montants en fers plats ou cornières de 40 mm. avec échelons en fer rond de 14 mm.

L'ossature de la potence comprend 4 cornières $\frac{50 \times 50}{6}$ réunies par des croix de Saint-André ou des barres de treillis ; le pied droit se termine par une base en tôle et cornières noyée dans un massif de béton, sur lequel elle est de plus retenue par des boulons d'ancrage. Le platelage en sapin goudronné a 40 mm. d'épaisseur, il est vissé sur les ailes horizontales des cornières supérieures.

Nous indiquons sur la planche n° 47 le gabarit des trains de chemin de fer, c'est l'un des éléments qui permet de fixer la hauteur à donner à cette potence.

2° *Pylône pour tramway électrique*. — Lorsque la traction électrique des tramways se fait par conducteur aérien, on a recours pour supporter les câbles à des pylônes suffisamment élevés pour que les fils ne gênent pas la circulation et qui doivent être fortement ancrés dans le sol, car la traction à l'extrémité du mât atteint souvent 200 k. Le pylône est composé de 4 cornières $\frac{60 \times 60}{7}$ dont l'écartement varie de 140 à 350 mm., reliées par des entretoises et des barres de treillis ; nous avons donné par le détail B la partie supérieure indiquant le boulon d'attache du fil, qui supporte le conducteur ; ce boulon traverse l'entretoise supérieure en fonte.

La partie inférieure noyée dans le béton a 1 m. 50 de longueur, elle est renforcée de manière à donner un bon encastrement.

L'emploi de ces mâts s'est beaucoup généralisé depuis quelques années ; mais souvent pour leur donner plus de légèreté on les construit trop faibles, il en résulte que, mal entretoisés, ils ne peuvent résister aux efforts qu'ils subissent. C'est la seule raison qui fait qu'on les remplace aujourd'hui par des tubes d'acier d'un prix très élevé et d'un aspect assurément moins élégant.

3° *Potence d'éclairage électrique et Pylône.* — Pour supporter les lampes à arc on établit des potences simples ou doubles ; les fils conducteurs d'électricité et ceux de manœuvre des lampes, passent dans l'intérieur du montant et sont garantis sur une certaine hauteur pour éviter tous accidents.

La potence simple, telle que nous la représentons, planche 47, peut également être utilisée pour soutenir les fils d'un tramway électrique. Dans ces constructions on emploie des cornières de 40 mm. avec croisillons et tôles de remplissage de 3 mm. d'épaisseur.

Pour le pylône ou potence double et à cause de sa grande hauteur, nous emploierons des cornières plus fortes $\frac{50 \times 50}{6}$ et donnerons un plus fort équarrissage au montant. Au lieu de faire la base en tôle comme dans le cas précédent, nous mettrons un socle en fonte fait de 4 panneaux vissés sur les cornières. L'encastrement dans le béton de fondation se fera par un élargissement du pied, en ayant soin de ménager dans la tôle des ouvertures, pour permettre le passage des câbles principaux et secondaires. Nous avons donné à ce pylône 12 m. 00 de hauteur totale avec un écartement de 4 m. 00 entre les axes des lampes.

Si la potence double devait servir pour un tramway électrique à deux voies, on donnerait au refuge une forme allongée et la hauteur serait réduite à 7 m. 00.

Planche 48

VOLIÈRES

Nous donnons dans cette planche deux exemples différents de volières, que nous allons examiner :

Les figures 1 à 6 se rapportent à une volière de forme carrée de 1 m. 500 de côté et dont la carcasse est composée de 4 montants en fer rond de 16 mm., cintrés à leur partie supérieure et réunis par 3 files d'entretoises en fer rond de 12 mm. ; cette première partie est grillagée une fois l'assemblage fait.

La seconde partie qui a une hauteur de 450 mm., est formée de 4 fers ronds d'angle de 12 mm. reliés aux extrémités par 2 ceintures en fer de même diamètre, une fois grillagée, cette partie est rivée sur une cornière $\frac{20 \times 20}{3}$ (fig. 5), contre laquelle des crampons maintiennent les panneaux inférieurs.

Le chapeau qui termine la construction est en zinc, fixé sur 4 cornières d'angle (fig. 3 et 4) et soutenu par des fers plats 20 × 4, il porte une cornière $\frac{20 \times 20}{3}$ sur laquelle s'agrafent (fig. 4) les fers ronds de la dernière pièce grillagée.

Une cornière inférieure (fig. 6), reçoit la traverse du bas qui lui est fixée ainsi qu'à la maçonnerie par des boulons à scellement de 10 mm.

Le sol de la volière doit être imperméable ; dans le cas de la figure 1 il a été fait par un dallage en ciment, dont la forme légèrement conique permet l'évacuation des eaux de nettoyage par des ouvertures (fig. 6), pratiquées de distance en distance.

Le second exemple (fig. 7 à 16) indique un mode de construction plus avantageux dans le cas des grandes volières. Les panneaux grillagés sont faits à part, le fer employé est le fer rond de 12. mm. de diamètre.

L'ossature est ici composée de 6 colonnes en fer creux de 50 mm. de diamètre, munies de chapiteaux et de bases en fonte ; sur ces colonnes se boulonnent les fermes formées de montants et d'arbalétriers en fer à ⊥ de $\frac{20 \times 20}{3}$ réunis par des ceintures hexagonales. Le chapeau est recouvert en zinc et se boulonne sur les montants (fig. 10) dont la partie basse est assemblée de la même manière sur la ceinture inférieure (fig 12).

Les panneaux sont maintenus ou supportés contre les fers soit au moyen de crampons (fig. 10, 12 et 13), soit avec des équerres (fig. 15 et 16) ou bien par l'intermédiaire de colliers à charnière (fig. 14). La porte permettant un accès facile de la volière, le dallage en ciment a été fait en forme de cuvette.

Pour terminer, nous dirons qu'on aurait pu remplacer les colonnes par des montants en fer à ⊥ de $\frac{30 \times 30}{4}$ ou par tout autre fer qui présenterait des facilités pour l'attache des panneaux.

Planches 49-50 et 51

ESCALIER VÉRANDAH COMPRENANT LE GRAND ESCALIER ET L'ESCALIER DE SERVICE

Ce genre d'escalier est avantageux pour les maisons de rapport construites dans les grandes villes, car il permet d'occuper le minimum de terrain.

Dans l'exemple représenté sur la planche n° 49, 50, l'escalier de service est entouré à l'extérieur, côté cour, par une vérandah qui part du sol du premier pour monter jusqu'au dernier étage, c'est cette cloison vitrée très mince qui donne du jour dans les 2 escaliers.

Cet ensemble d'escaliers dessert 1 ou 2 appartements auxquels on peut accéder par des portes pratiquées dans les murs latéraux (fig. 2).

Afin que l'on ne puisse pas voir d'un escalier dans l'autre, il est bon de mettre des verres dépolis, ou des vitraux aux châssis vitrés qui les séparent.

Dans l'escalier de service, au-dessus du bandeau formant contre-limon dans la vérandah, on mettra un grillage suffisamment haut pour que l'on ne puisse pas casser les vitres en montant avec des paquets.

La construction de ces escaliers est identique à celle de ceux décrits dans la première partie de cet ouvrage, auxquels on voudra bien se reporter.

La vérandah se compose d'une ossature :
potelets et bandeaux formant contre-limons, et de châssis vitrés, les uns fixes les autres ouvrants.

Les potelets tubulaires sont composés d'âmes en fer plat, reliées par des cornières à l'intérieur et par des fers moulurés à l'extérieur.

Le joint d'âme avant se fera au droit des moulures en fonte (fig. 8, 10, pl. 51), avec un couvre-joint en fer plat, de section au moins égale à celle de l'âme coupée.

Le joint d'âme arrière sera fait au même endroit, le contre-limon formant couvre-joint.

Les joints des âmes latérales et des cornières intérieures seront au milieu de la hauteur d'étage, avec des couvre-joints.

Les moulures en fonte seront fixées sur les potelets et contre-limons par des vis à métaux à tête fraisée.

Les châssis ouvrants (fig. 7, pl. 51), seront en fer U ferrés de 2 paumelles dans la hauteur, fermés par un loqueteau à bascule, si l'on veut les ouvrir au moyen d'un cordon de tirage, ou par un loqueteau à pompe si l'on veut les ouvrir avec un bâton à crochet.

A leur partie inférieure, les châssis vitrés et les potelets de la vérandah seront assemblés sur un fer U scellé sur le mur inférieur. — La figure n° 13, planche 51, représente l'assemblage sur ce fer U d'un châssis vitré fixe.

Les jets d'eau indiqués sont indispensables afin de rejeter l'eau au-delà du mur, ils seront en tôle de 1 mm. ou en zinc n° 12.

Le châssis vitré séparant les 2 escaliers (fig. n° 9, 11 pl. 51), comprend à chaque angle et dans toute la hauteur de la cage, un potelet sur lequel sont assemblés le contre-limon non apparent et le contre-limon apparent au droit du vitrage. Ce dernier représenté en coupe (fig. n° 12 pl. 51), est formé d'une tôle bordée haut et bas d'une cornière inégale pour recevoir l'assemblage des fers à vitrage du châssis; il reçoit de plus les marches et contre-marches de l'escalier.

Les potelets sont fixés aux murs latéraux par des pattes à scellements, ils seront en plusieurs tronçons avec joints chevauchés tous les 4 à 5 mètres.

Les couvre-joints devront toujours avoir au moins une section égale à celle des barres coupées, et la section totale des vis ou rivets de chaque côté d'un joint sera les 6/5 de celle des barres à réunir.

Planche 52-53.

FERMES MIXTES

1° Ferme avec galeries. — Cette ferme (fig. 1) peut se diviser en deux parties; le pavillon du milieu avec galeries de service à 12 m. 00 de portée d'axe en axe des colonnes; les bas côtés dont la toiture est établie en appentis ont 4 m. 00 de largeur. Ainsi disposé, ce type d'une grande légèreté et qui se prête très bien à la décoration, peut convenir pour une salle de concert. La partie médiane repose sur quatre poteaux en bois de 25 × 20 ou 20 × 20 qui sont assemblés à tenons sous les arbalétriers 220 × 200, chacun des points de rencontre étant de plus consolidé par des équerres en cornières $\frac{60 \times 60}{6}$ ou $\frac{50 \times 50}{5}$ avec âmes de 6 ou 7 mm. d'épaisseur (fig. 3 et fig. 4); ces consoles sont fixées sur chacune des pièces au moyen de quatre boulons de 16 mm. de diamètre à tête carrée encastrée dans le bois.

Les poteaux du milieu sont reliés dans le sens transversal par un arc en anse de panier formé de cornières $\frac{60 \times 60}{6}$, renforcé de montants en fers à **T**; la couverture de cette partie est faite avec des vitres en verre double portant sur des fers à vitrage $\frac{35 \times 40}{5}$ fixés sur des pannes en Z ou des cornières adossées, (détail B, fig. 4). Les galeries de ce pavillon ont 2 m. 00 de largeur entre les axes des montants; en ces points, l'arbalétrier est caché par un faux plancher de 27 mm. d'épaisseur vissé sur les arcs d'entretoisement supérieurs ainsi que nous l'avons indiqué sur les détails A et B. Cette partie de la toiture est couverte en zinc posé sur un voligeage ordinaire qui s'appuie sur des pannes 220 × 100 ; l'assemblage des pannes sur l'arbalétrier se fait avec des équerres cornières de $\frac{60 \times 60}{7}$ et boulons à tête hexagonale de 16 millimètres de diamètre.

Les montants 220 × 200 et 200 × 200 sont reliés par deux cours de moises 160 × 80 ; les pièces supérieures servent de points d'appui aux solives du plancher bas de la galerie, et celles inférieures se continuent pour former entrait du comble appenti des bas côtés. Des croix de Saint-André de 120 millimètres d'équarrissage remplissent l'intervalle libre, elles sont assemblées au milieu à mi-bois.

La charpente des appentis se compose d'un arbalétrier 200 × 150 et d'une contrefiche de même équarissage et de l'entrait moisé dont nous avons parlé plus haut. La tête de cet arbalétrier est assemblée à tenon sur le poteau extérieur 250 × 200 et boulonnée entre les moises, son pied est boulonné entre les pièces de l'entrait, il en est de même de l'extrémité correspondante de la contrefiche.

Comme dans la disposition que nous avons indiquée, le comble n'est pas visible, nous avons mis un faux plancher cloué sur des solives 160 × 60 qui sont elles-mêmes fixées sur l'entrait au moyen d'équerres en cornières de 50 millimètres de largeur d'ailes. Toute cette partie de la construction est couverte en zinc sur voligeage posé sur quatre cours de pannes 180 × 100 ; le chéneau étant établi au droit du mur.

Ces fermes disposées tous les quatre mètres (fig. 2) sont entretoisées au sommet et au niveau des arcs supérieurs des galeries par des cornières droites et cintrées de $\frac{50 \times 50}{6}$ assemblées avec goussets de 6 millimètres d'épaisseur et boulonnées sur les poteaux de 200 millimètres d'équarrissage.

Quant à la moise avant de la galerie, elle porte une balustrade fer et bois et est soutenue par deux contrefiches en bois de 120 × 120 et deux bielles qui soutiennent au milieu un arc de renfort en double cornières $\frac{60 \times 60}{6}$.

Les parois verticales du pavillon central sont en bois et nous en avons mis deux à 100 millimètres environ d'écartement intérieur afin que l'on puisse faire un remplissage en sciure de bois, liège ou tous autres matériaux isolants.

Chacune des fermes ainsi composée s'appuie sur le sol au moyen de colonnes en fonte sur lesquelles elle est fixée par l'intermédiaire de poutres métalliques en arc dont une partie se prolonge pour former console des galeries. Nous avons indiqué sur les figures 5, 6 et 7 les détails de construction ; ces poutres sont composées de cornières $\frac{50 \times 50}{6}$, d'âmes de 6 millimètres de montants en fers à T et le remplissage est fait avec un treillis en fer plat en croix de Saint-André. Les colonnes sont creuses et se prolongent par un fut octogonal contre lequel on visse les poutres. Dans le sens longitudinal les colonnes sont entretoisées par des poutres de forme analogue, mais avec treillis simple.

2° **Abri**. (Fig. 8). — Comme exemple de ferme mixte nous prendront le cas d'un abri de grande portée. La ferme se composera d'arbalétriers 180 × 100 assemblés au sommet et reliés à leur base par un tirant en double cornières dont l'écartement sera de 100 millimètres. Le grand triangle ainsi formé (fig. 8) est décomposé en figures également indéformables par des barres de treillis inclinées. Pour faire porter cette ferme sur le sol nous lui ajouterons deux poteaux en bois placés à 1 m. 55 d'axe en axe, qui nous permettrons de contreventer la ferme par des consoles cintrées.

Les barres de treillis en cornières $\frac{40 \times 40}{5}$ s'assemblent au faitage (fig. 12) sur des goussets boulonnés sur le bois et, pour l'assemblage de ces mêmes barres avec l'entrait, on a employé une construction analogue mais on a placé entre les goussets une fourrure en bois (fig. 10).

Les poteaux ont 200 × 200 d'équarrissage et à partir de l'entrait la section se trouve réduite à 200 × 100 de telle sorte que les cornières ne font pas saillie sur le bois (fig. 9), ces poteaux se continuant dès lors avec la même largeur que l'arbalétrier s'assemblent à tenon (fig. 13).

La coupe *ab* (fig. 11) montre de quelle manière nous avons disposé les cornières $\frac{60 \times 50}{6}$ des consoles.

En plaçant ces fermes tous les 3 mètres on peut les relier par des pannes en fer à T ou cornières de 40 millimètres de largeur d'ailes vissées sur l'arbalétrier et sur lesquelles on posera un voligeage de 27 millimètres d'épaisseur pour recevoir le zinc.

Planches 54-55 et 56

PROJET DE CONSTRUCTION POUR L'ÉTABLISSEMENT D'UN CAFÉ ISOLÉ CHARPENTE, ESCALIER ET MENUISERIE EN FER

Cette construction est destinée à l'établissement d'un café isolé ; la charpente se compose d'un corps principal en forme de pyramide tronquée, appelé « comble à la Mansard », de 12 m.30 de longueur sur 6 mètres de largeur hors œuvre.

Sur l'une des façades existent deux pans coupés arrondis ; sur la façade, côté jardin, la construction est complétée par deux ailes en avant-corps de 3 m. 40 sur 3 mètres hors œuvre, reliées entre elles par un filet composé de deux fers double T de 0 m. 20 de hauteur, portant plancher, pour former terrasse au premier étage.

Dans l'aile gauche est placé l'escalier qui desservira le premier étage et les mansardes destinées pour habitation; dans l'aile droite, au rez-de-chaussée se trouvera la cuisine, au premier, des cabinets particuliers et, dans les combles, des chambres et cabinet de toilette.

Les solives en fer, double T, de 0 m. 16 formeront l'ossature du plancher du premier étage ; leur longueur sera de 9 m. 50.

Nous avons représenté en AB dans la coupe transversale (fig. 4) ces solives qui serviront au plancher de la terrasse du grands corps de 6 mètres et sailliront sur la façade principale, en encorbellement pour supporter un balcon.

Le comble se compose de deux fermes principales représentées en plan en CD et EF et en élévation dans la coupe transversale (fig. 4) en GHIJK ; l'assemblage des arbalétriers en fer, double T, de 0 m. 18 de haut, formant jambes de force, est représenté au dixième d'exécution par la figure 2 ; les fers sont ouverts en tête pour former des congés dans les angles, ce qui en assure la stabilité. Le joint est recouvert au moyen de deux plaques de tôle de 0 m. 009 d'épaisseur, boulonnées également avec l'entrait en fer double T de 0 m. 20 de haut. Les chevrons du terrasson seront en fer T simple de 0 m. 06 de côté, assemblés sur la panne de brisis à l'aile supérieure et extérieure avec un boulon à deux fers comme le montre la figure 2.

Les chevrons du brisis en fer double T, de 0 m. 08, hourdés pleins, seront assemblés au pied avec les plates-formes qui règneront tout autour du bâtiment sauf au droit des cheminées ; sur ces plates-formes en fer à U de 0 m. 12 de largeur, nous fixerons la tôle intérieure du chéneau au moyen de vis à tête plate, comme le montre la figure 1 au dixième d'exécution.

Les chevrons de brisis des ailes ainsi que ceux des tourelles seront entaillés à leur passage et à la panne de brisis et fixés avec elle au moyen d'équerres cornières découpées ; ces chevrons fileront en ligne droite jusqu'à la rencontre du faîtage avec lequel ils s'assembleront au moyen d'équerres.

Les faîtages des ailes, échancrés et ouverts comme les arbalétriers des fermes principales pour former des congés aux ailes inférieures, seront assemblés avec des tubes en fer de 0 m. 12 de diamètre qui recevront également les arêtiers en fer double T de 0 m. 12 de haut. La figure 3 au dixième d'exécution montre ces assemblages.

Les tourelles d'angle sont traitées dans la planche suivante (détails pl. 56) à l'échelle de 4 centimètres pour mètre.

Les lucarnes seront en fonte ou en zinc à fronton cintré et recevront des croisées en fer.

Les faux planchers sont représentés en plan dans le côté gauche ; les solives seront en fer double T de 0 m. 12 de haut, sauf celle du milieu LM qui forme l'entrait d'une ferme du terrasson et sera en fer double T de 0 m. 16.

La figure 5 représente la coupe longitudinale du comble mansard, les assemblages du faîtage avec les fermes, les tourelles d'angle et les coupes des cheminées, dont les tuyaux se rejoignent au-dessus des fenêtres cintrées formant lucarnes.

Dans l'angle à gauche de ces planches, nous montrons l'ensemble de cette construction en perspective cavalière à l'échelle de 0 m. 065 pour mètre ; on voit la terrasse et son balcon ainsi que les fermetures en fer pouvant se replier en été sur les faces latérales des ailes.

Planche 56

—

(Détails)

NOUES DE RACCORD DU COMBLE MANSARD AVEC UNE TOUR RONDE

Après avoir formé le plan ABCDE à l'échelle de 0 m. 04 pour mètre, la coupe (fig. 6) du comble Mansard, la tourelle avec les mêmes dimensions comme cotes que sur les planches d'ensemble, on fait l'élévation (fig. 1) de l'arêtier du comble Mansard et la coupe de la tourelle avec les hauteurs cotées, ensuite on descendra le point O intersection de l'arêtier avec le chevron de la tourelle dans le plan au point O' qui représentera la tête des deux noues du terrasson avec la tourelle et dont la formation va être traitée plus loin.

Les noues CG et DF qui raccordent le brisis du comble mansard avec la tourelle sont légèrement cintrées en plan. Pour obtenir cette courbure on fait paraître le rampant JH côté de la noue CG du plan, on divise ensuite ce rampant en cinq parties égales pour former les ordonnées aux points 1, 2, 3 et 4, on tire les horizontales 1 à 1', 2 à 2' etc., jusqu'à la rencontre du chevron KL de la tourelle ; on descend ces points au moyen de lignes ponctuées verticales dans le plan en P 4'' 3'' 2'' 1'' et D; du point N axe de la tourelle en plan, comme centre, on décrit des arcs de cercle jusqu'à la rencontre des verticales préalablement descendues en plan et partant du chevron de projection JH, les intersections de ces arcs avec les verticales aux points C-1-2-3-4 et G donneront la courbure de la noue en plan. La figure 2 représente l'élévation de cette noue en fer double T de 0 m. 12 de largeur ; on l'obtient en élevant des perpendiculaires à chacun des points d'intersection et en ramenant comme hauteur chaque point respectif des chevrons de la coupe (fig. 6).

Cette noue est courbée au-dessus de la panne de brisis pourvenir rencontrer celle du terrasson avec laquelle elle se boulonne et dont nous allons donner ci-dessous la formation.

Comme pour la noue précédente, après avoir tiré les lignes horizontales aux points 1-2-3-4 et 5 du chevron de la tourelle TS, jusqu'à la rencontre du chevron de croupe du terrasson SRL aux points 1′ 2′ 3′ 4′ et 5′ on descend au moyen de lignes verticales ces points en plan, ceux du chevron TS sur le trait d'axe du plan de la tourelle (marqué d'un trait de milieu) ; puis, du point N comme centre, on décrit des arcs de cercle qui prolongés jusqu'à la rencontre des lignes verticales 1′ 2′ 3′ 4′ et 5 du chevron SRL donnent, par leurs intersections en plan, la courbure de ces noues.

La figure 3 représente le développement des deux noues que l'on obtient avec les horizontales prolongées jusqu'à la rencontre des verticales menées par les points 2-3-4-5 et O.

La figure 4 montre la deuxième courbure de ces noues, on l'obtient en élevant des perpendiculaires sur le chevron de croupe SRL aux points de 2′ 3′ 4′ 5′ et O sommet des noues, on tire *ab* parallèle à SRL et on porte les distances respectives prises en plan à partir de la ligne de milieu ND aux points 2-3-4-5 et O (fig. 4) à partir de *ab* aux points 2-3-4-5 et O qui déterminent la seconde courbure des noues en fer T simple de 0 m. 07.

Cherchons les deux courbures des pannes de la tourelle. Pour obtenir celle du lattis, du point M sommet de la tour, on décrit, avec une ouverture de compas égale de M à la panne, un arc de cercle (fig. 5) sur lequel on porte la longueur de la dite panne. (Longueur prise en plan développée).

En décrivant un arc de cercle du point T obtenu en renvoyant la panne d'équerre au lattis du chevron ML et portant sur cet arc la même longueur développée qu'à la figure 5, on obtient la seconde courbure.

Planches 57-58

—

ESCALIER A LA FRANÇAISE A DOUBLE LIMON

(Avec rampe en fer forgé)

Ce genre d'escalier peut convenir pour donner accès aux galeries supérieures d'un grand magasin.

Comme le précédent (pl. 33, 34) il y a deux limons, dont l'un extérieur sert de contre-limon ; ils se retournent horizontalement à leur arrivée au palier et sont assemblés sur une poutre portant le plancher ; le dessous de l'escalier est plafonné.

Les deux limons (fig. 3, 4, 5) sont à la française, en stuc ou plâtre aluné avec ossature en fer, qui n'est autre qu'un limon dans le genre de ceux de l'escalier à double révolution, représenté planche 112, première partie, ce limon est composé d'une âme en tôle, bordée haut et bas de cornières; il reçoit les assemblages des contre-marches et sous-marches et a en plus des précédents, des crochets en fer plat rivés sur les cornières avec encoches dans lesquelles se placent des fentons pour former une paillasse sur laquelle on vient jeter le stuc qui doit le recouvrir; puis on pousse les moulures du limon, lesquelles peuvent avoir une grande variété de forme et de disposition.

Pour le tracé de l'ossature en fer on suivra les indications données pour les planches 105-106, première partie.

Marches

Les marches en pierre se mettent en place quand le plafond est terminé ; pour cela on coule un bain de plâtre sur les marches, sous-marches et entretoises qui les relient, puis on pose les semelles dessus.

Contre-marches. Sous-marches

Les contre-marches sont en cornières inégales à angle droit ; elles ne rentrent dans les marches ni en rainures, ni en feuillures, et sont assemblées à chaque extrémité sur les limons.

Les sous-marches sont en cornière égale $50 \times 50/5$ reliées aux précédentes par des entretoises en fer plat ; sur ces cornières sont rivés les crochets portant le lattis du plafond.

Pour la description des marches en pierre sur ossature en fer, voir planche 108, première partie.

Fers du palier

Le filet du palier représenté dans les exemples précédents est remplacé par une poutre à caisson composée de 2 âmes, 4 cornières et 2 chapeaux ; cette disposition est adoptée pour les grandes portées.

La poutre reçoit les assemblages des deux limons et des solives formant le plancher du palier.

Dans ce cas particulier le sol est formé de carreaux en céramique ou de dalles en pierre.

Rampe

La rampe est en fer forgé de style Louis XV, elle se compose de sommiers en fer carré reposant sur les limons, de 3 cours de traverses et de montant formant encadrement des panneaux ; ces derniers sont en fer forgé avec feuilles en tôle repoussée.

Au départ, les pilastres sont remplacés par des motifs en fer forgé surmontés d'un vase en bronze ciselé.

La main-courante est en chêne ou en noyer et est vissée sur la traverse supérieure.

Planche 59

—

DEVANTURE DE MAGASIN

(Art nouveau)

La planche 59, devanture de magasin, art nouveau, ne diffère pas, comme ossature de caisson, de toutes celles que l'on fait depuis longtemps.

Son ornementation, au contraire, tranche sur les dispositions ordinaires de ce genre de travail.

Les caissons sont montés sur des fers carrés, d'angle de 25 à 28 carré et sont revêtus sur 2 faces de tôle de 3, armée intérieurement de raidisseurs en fer plat de 7.

Dans la planche qui nous occupe, l'ouverture du caisson nécessaire pour le graissage et les réparations se fait au bord intérieur du cadre visible et en bas sur la partie courbe qui forme applique.

Dans la partie des glaces, le principe est d'enfermer la glace entre deux fers carrés, à l'exclusion de toute moulure, qui se prêtent mal aux sinuosités du style moderne.

Un de ces fers carrés, l'extérieur, est fixe, l'autre, l'intérieur, est par bouts assez courts, facile à déposer, avec vis, tête ronde bien apparente, pour les réparations ; on distribue ces vis régulièrement autant que possible.

Entre ces deux fers on réserve un espace de 11 à 14 mm. suivant la glace qu'il faut enchâsser.

La ferronnerie proprement dite, c'est-à-dire l'ornementation superflue, est posée avec petite entaille sur le champ du fer plat courbe de 35 ou 40 × 14 afin de laisser entre les ornements et la glace le passage d'une baguette garnie d'un chiffon, ceci, pour les nécessités du nettoyage.

L'imposte de la porte est arrangée pour pouvoir être vitrée en verre de plusieurs tons.

Tous les ornements en applique sont forgés à plat et garnis de tôles repoussées au marteau. Egalement pour le fronton qui porte des lampes électriques.

Le soubassement est bordé, à sa partie supérieure, d'une cimaise de cuivre jaune qui comporte une partie plate pour l'enseigne ; il est orné aux angles de motifs arrondis en cuivre rouge repoussé.

Détail au quart d'exécution de la devanture (pl. 59). — La figure 3 déjà citée dans le texte qui précède donne la composition du gros fer à vitrage courbe, 1 plat 35 × 14.

4 carrés de 9, dont 2, ceux de l'intérieur, démontables par petits bouts pour le vitrage.

Vis têtes rondes en cuivre, régulièrement espacées.

Figure 2 montre la coupe de la corniche faite d'une tôle cintrée de 2 millimètres pincée par 2 fers carrés de 20, portée en haut par des bandes de fer plat 50 × 7 alliant ce scellement.

La boîte des feuilles de fermeture est en tôle de 3,

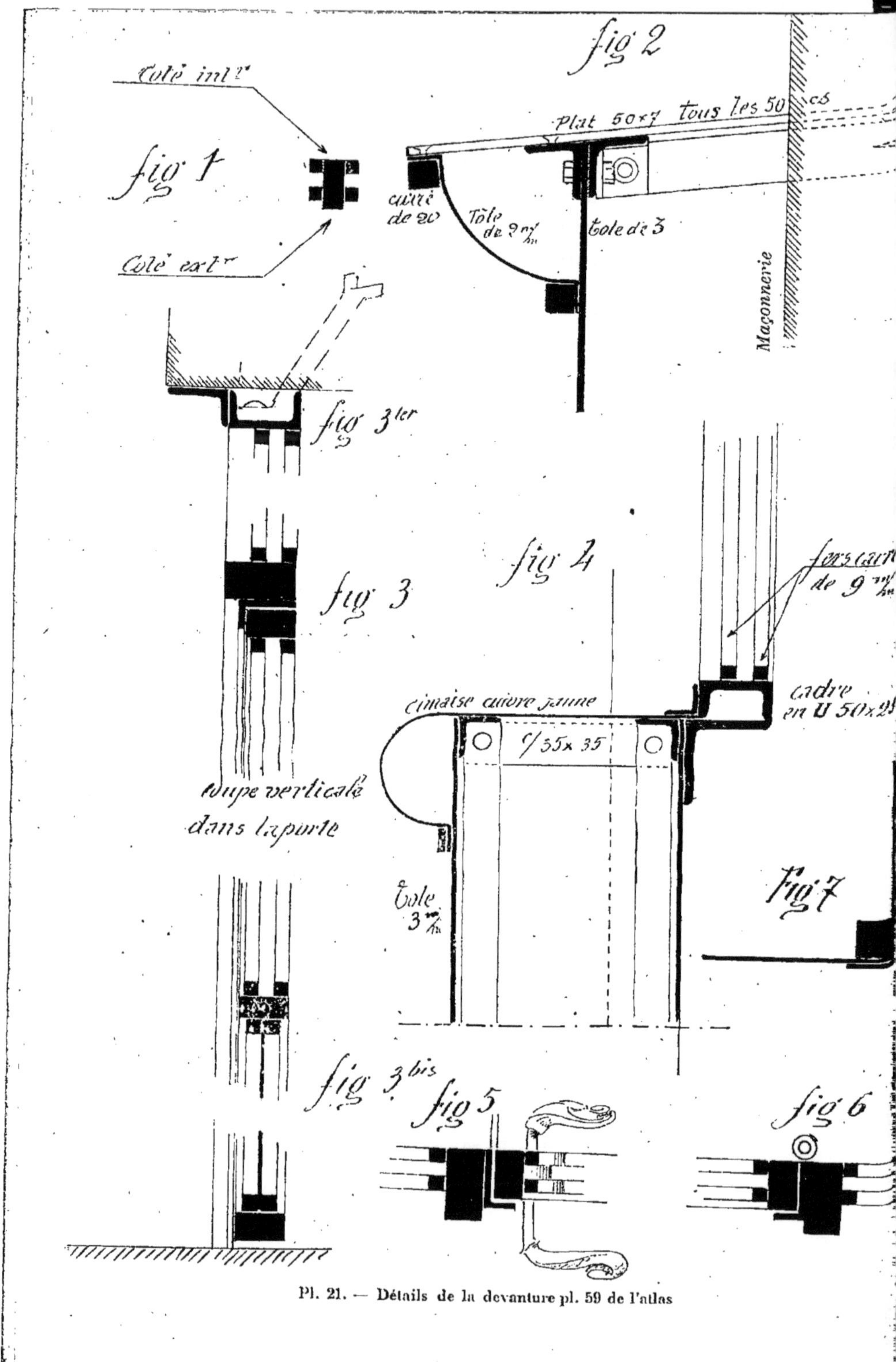

Pl. 21. — Détails de la devanture pl. 59 de l'atlas

armée de 2 cornières de 40 × 40 en haut et de 1 L 40 × 40 en bas et 1 plat 40 × 20.

Les figures 3, 3 ***bis*** et 3 ***ter*** forment ensemble la coupe verticale complète de la porte.

Figure 3, le gros fer traverse est en 50 × 25 comme les montants.

La corniche battement en 40 × 20 à angle vif.

Le châssis de la porte en 40 × 20.

La traverse milieu en 40 × 14.

Figure 3 ***bis***, soubassement en tôle de 3, armé et orné de fers carrés de 14 sur 2 faces.

Figure 3 ***ter***, U 50 × 25 faisant tout le tour du bâti de la devanture.

Figure 4, coupe du soubassement composé de 2 tôles de 3, dont une, celle d'intérieur, est armée de cornières 60 × 60 et peut faire fonction d'armoire.

2 L 30 × 30 courent tout le long sous la cimaise cuivre et la soutiennent ; elles sont supportées par des montants en cornière tous les 60 ou 70 centimètres.

La cimaise cuivre est pincée sous le 1/2 rond par un fer plat et en haut par une petite cornière vissée serrée.

Les figures 5 et 6 sont des coupes horizontales dans les 2 montants de porte.

La figure 5 montre le montant fixe en 50 × 25, sa feuillure et le châssis de la porte en 35 × 20, il indique que la serrure peut s'encloisonner.

La figure 6 est la coupe sur le même montant, côté des paumelles.

La figure 7 donne la coupe sur l'angle d'un soubassement de caisson monté sur un fer carré de 25, les tôles 3 millimètres sont vissées dessus et l'angle est accusé par 2 bandes de fer plat 40 × 5 appliquées sur ces tôles pour contrarier les joints.

Planche 60

DEVANTURE DE MAGASIN AVEC ÉCLAIRAGE ET AÉRATION DU SOUS-SOL

La devanture que représente cette planche peut servir à toute industrie d'art qui ne demande pas de grands emplacements.

En principe, l'armature est composée de fers plats de 45 × 20 comme montants et traverses, portant des fers à vitrages moulurés.

Le tableau qui porte enseigne est fait d'une tôle de 2 millimètres ; le dessus est recouvert d'une tôle de 3 millimètres, inclinée, pour toiture, que l'on pourrait remplacer par du bois recouvert de zinc, posé sur une série de supports à scellement de 40 × 16, portant eux-mêmes une cornière de 40 × 40 en haut. La tôle de face est en 2 millimètres et la moulure corniche en 78 × 48 de Nozal.

En bas du tableau, voir figure 2, est une deuxième cornière d'armature posée la côte en haut pour ménager le logement des bordures des feuilles de la fermeture. (Voir également fig. 1 et 2 du texte où sont figurés ces détails en plus grand).

La figure 3 montre une coupe verticale prise sur la porte d'entrée.

C'est sur le fond de tôle de 3 millimètres que l'on rive les ornements en applique qui sont dessinés sur la façade.

L'ovale déformé et qui fait imposte est vitré en glace claire enchassée dans la feuillure du fer à vitrage et cette glace est maintenue par des fers carrés de 9 millimètres.

Dans le sens vertical, figure 3, la porte est appuyée sur une traverse en 45 × 25, armée comme battement d'une cornière de 40 × 20 qui se continue sur les deux montants.

Le cadre de la porte est en 35 × 18 portant fer à vitrage mouluré, de 35 × 13.

A la porte, il sera fait, pour pincer la glace, un profil spécial en cuivre étiré au banc ; (voir fig. 5, 7, 11 et 12 du texte). Le fer carré étant trop fort pour être employé dans ce cas.

Le pilastre entre la porte et la glace fixe de l'étalage peut à volonté être vitré en glace claire ou en miroir, ou en plein pour la réclame.

Le soubassement de la porte est en tôle de 3 millimètres montée sur cornière intérieure avec un socle à double tôle de 2 millimètres monté sur fer à U (fig. 7) du texte ; les ornements sont en découpage de tôle de 5 millimètres appliqués avec des rivets coniques, tournés.

Les glaces de l'étalage sont montées comme il est dit plus haut sur des fers de 45 × 20 portant moulure à vitrage et par closes en carré de 9, montées à vis à tête ronde, régulièrement espacées et bien apparentes. (Voir fig. 8 du texte).

Cette devanture donne un cas assez fréquent dans les installations de magasins de grande ville. Le sous-sol éclairé et aéré sert d'atelier.

Le soubassement de cette façade est à claire-voie, entre la cimaise en cuivre et le socle de pierre. Il se compose d'une grille à barreaux carrés de 16 ou 18, sur laquelle vient s'appliquer une ornementation en tôle découpée de 5 millimètres.

Un peu au-dessus de la cimaise et du côté intérieur court une cornière qui portera le bois formant font d'étalage (fig. 8 du texte) et tambour au-dessus de la trémie du sous-sol.

La fermeture vitrée de ce genre de soupirail se fait en arrière et plus bas que le sol, au moyen de châssis à soufflet qui ne figurent pas dans le plan de cette devanture. On peut aussi faire ces châssis en bois.

La moulure droite de la cimaise est en cuivre étiré au banc.

Les deux moulures courbes des caissons et celle du petit pilastre à droite de la porte se font en cuivre fondu sur modèle en bois.

La partie ornementale, qui paraît à première vue très compliquée, devient à l'examen fort simple à poser. Tout le travail est dans le repoussage et dans les dessins grandeur pour le découpage des banderolles et fouets en usage dans le style moderne.

Sur le tableau, les deux feuilles d'angle sont repoussées au marteau, les ornements placés sur le tableau sont à plat, en tôle de 7 millimètres découpée et blanchie, on les vernit au naturel pour les laisser s'enlever en clair sur le fond et faire voir qu'on a voulu du fer.

Au-dessous du tableau et dans les tympans formés par le fond de tôle sombre, on a fixé avec des vis des feuilles de figuier en tôle repoussée et polie à la brosse, reliées par des entrelacs en fer rond. Les feuilles sont vernies au naturel.

Dans la partie du bas, au-dessus de la cimaise, on a fixé sur les petits barreaux des pousses de feuilles de chêne, ainsi que sur la porte.

Les poignées sont forgées en torsade à jour.

Ainsi que nous venons de le décrire, les figures du texte viennent compléter celles de la planche 60.

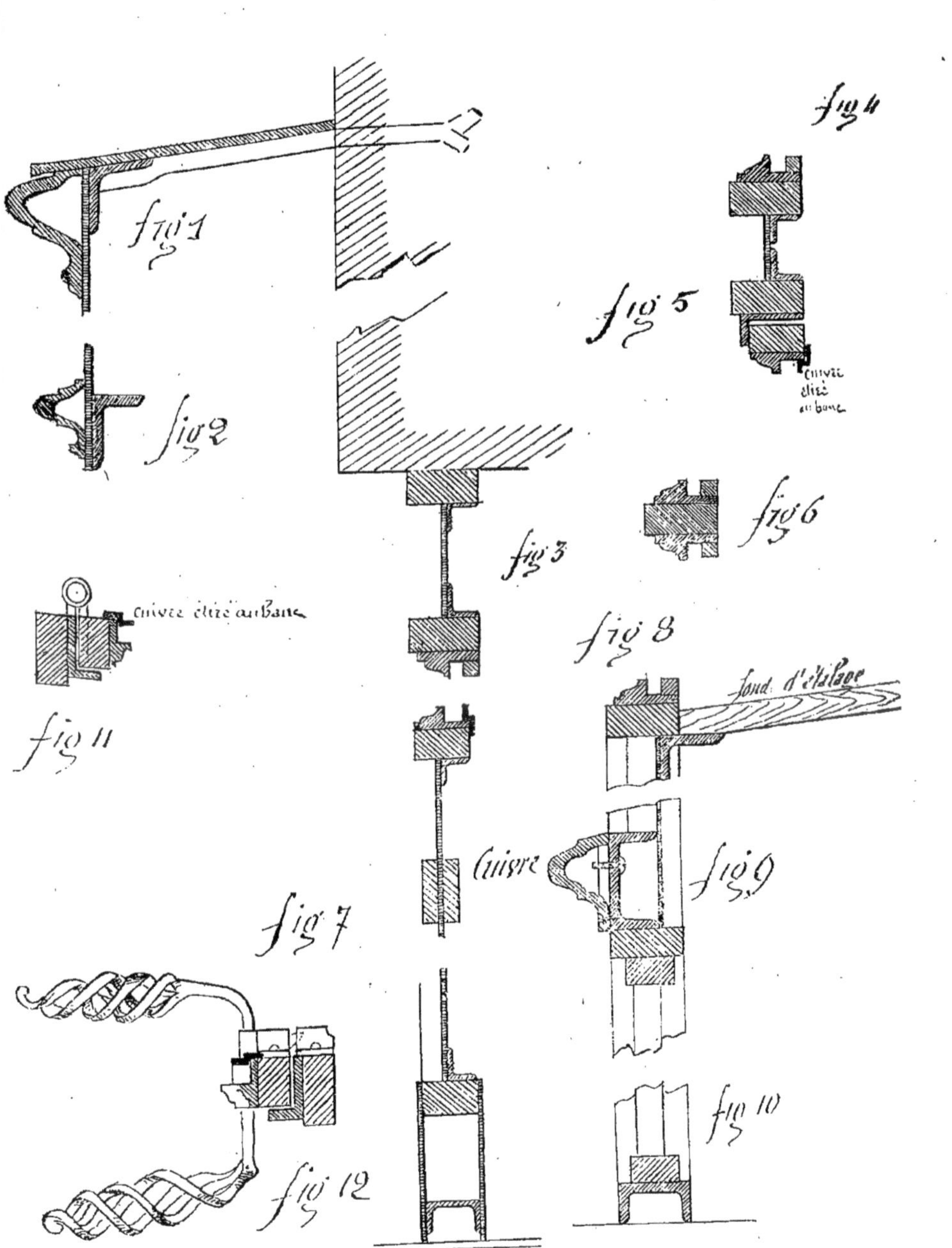

Pl. 22. — Détails de la devanture pl. 60 de l'atlas

Planche 61

DEUX MARQUISES ET DÉTAILS

Les deux marquises représentées par cette planche sont les deux types les plus souvent employés dans les travaux courants.

La première marquise, figures 1 et 2, est à une seule pente ; c'est le type le plus simple. Le vitrage est adossé à la maçonnerie et les eaux aboutissent au chéneau que décore au besoin un lambrequin. Les parties latérales seules peuvent varier. Dans les cas les plus simples, ces parties latérales sont vides, des consoles supportant seulement le chêneau.

Dans le cas qui nous occupe et vu l'avancée assez forte, deux fers à T de 0m25 A. O. supportent cette marquise. Ils sont encastrés dans la maçonnerie et se retournent à angle droit sur la façade principale. Des consoles décoratives en fer plat remplissent le vide au-dessus du chéneau, et deux autres consoles sous le chéneau contribuent à soutenir celui-ci. Le chéneau est pour ainsi dire accolé à la partie antérieure du fer à T de 0m25, comme l'indique la figure 3. La figure 4 donne au 1/20e le détail du lambrequin, composé d'ornements en tôle découpée, agrémentés de feuillages en zinc.

La seconde marquise, figure 5, est une marquise à 3 faces, limitée par deux croupes. La disposition en est d'ailleurs excessivemen simple. Le chéneau, dans ce cas, se retourne sur les 3 côtés, supporté par 2 consoles fixées à la maçonnerie par des pattes à scellement.

Les figures 8 et 9 donnent la disposition du chéneau et la composition du lambrequin, fait de même manière que le précédent. Les figures de gauche donnent le détail des consoles de ces deux marquises, à l'échelle de 0m05 par mètre et une crête de marquise.

Pl. 23. — Marquise.

MM. Schwartz et Haumont successeurs de MM. Schwartz, Meurer et Bergeotte.

Planche 62

URINOIR PUBLIC

Nous avons représenté sur la planche 62 un urinoir public construit par la maison Serraire fils, Gordolon et Cie, de Nice.

Nous laisserons de côté l'aménagement intérieur, dalles en marbre ou ardoise, installation des eaux et du gaz pour ne nous occuper que de la partie qui a trait à notre ouvrage : la serrurerie.

Le lanterneau est supporté par quatre petites colonnes formées de tubes de 45 et 60 millimètres de diamètre extérieur et emmanchées à chaud (fig. 6). Sur ces colonnes qui reposent dans la maçonnerie par l'intermédiaire de sabots indiqués au dessin, on disposera des bagues en fonte plus ou moins moulurées permettant de déterminer le soubassement, le fût et le chapiteau. Des pattes à scellement maintiennent contre les colonnes les dalles de l'urinoir.

La charpente du lanterneau est à quatre arêtiers en cornières de 25 millimètres, ces arêtiers forment consoles d'angle et supportent ainsi les parois du chéneau au moyen des fers moulures indiqués sur la figure 4.

Afin de bien montrer la construction d'abord simple de ce lanterneau, nous en avons donné (fig. 5) une vue par dessous montrant ainsi la section des montants d'angle qui font suite aux colonnettes ; l'attache avec les tubes se fait au moyen de pièces spéciales en acier coulé.

Les bas côtés de l'urinoir sont en tôle de 1 mm. 5 d'épaisseur, tôle repoussée en écaille, emboutée ou découpée.

Les feuilles de tôle sont ainsi rivées sur des cornières doubles de 25 millimètres qui forment montants et se fixent sur les chapiteaux des petites colonnes.

Les écrans sont composés de la même manière (fig. 7). Nous ne nous y arrêterons pas mais nous ferons remarquer que, dans le cas où il y aurait impossibilité à donner un bon scellement aux montants de chaque extrémité pour lesquels nous avons employé des tubes de 45 millimètres de diamètre extérieur, il y aurait alors intérêt à réunir ces écrans à la construction principale par de petites cornières.

Les figures 1, 2 et 3 nous montrent l'ensemble de l'urinoir.

Planches 63-64

CONSTRUCTIONS DÉMONTABLES ET HYGIÉNIQUES

Système Espitallier-Wehrlin

Dans le cours de cet ouvrage nous n'avons jusqu'à présent traité que des conditions définitives, il est donc utile que nous examinions les charpentes établies provisoirement. Parmi ces dernières nous considérerons seulement les constructions démontables dont la légèreté et les dimensions des divers éléments permettent le transport en un autre point et par suite une reconstruction facile.

La solution du problème n'est pas aussi aisée qu'on pourrait le croire tout d'abord et ce n'est que dans ces dernières années que des résultats satisfaisants ont été obtenus ;

nous voulons parler des charpentes inventées par MM. Espitallier, commandant du génie, et Wehrlin, ingénieur.

Le point de départ du système Espitallier-Wehrlin a été l'emploi généralisé des tubes de fer qui présentent un profit avantageux et économique, dans le cas surtout où les pièces n'ont à supporter que des efforts longitudinaux.

En principe, ces charpentes sont étudiées pour recevoir une couverture en tôle, elles n'ont donc à supporter qu'un poids mort relativement faible et, en employant des tôles ondulées et nervées de grande longueur (1 m. 60 à 3 m.), il est possible de réduire le nombre de pannes et dans certains cas de soustraire l'arbalétrier aux efforts de flexion, la charge ne portant qu'aux extrémités sur les pannes sablières et de faîtage.

MM. Epistallier et Wehrlin ont imaginé de faire porter la couverture par deux demi-fermes arcboutées par le faîtage et constituant chacune un tout rigide ; les arbalétriers travaillent à l'extension et les sous-arbalétriers transmettent les efforts de compression aux montants, qui, n'étant réunis par aucun tirant horizontals tendent à fléchir en ce point sous cette poussée.

Chaque montant s'enfonce dans le sol, où il se trouve plus ou moins encastré, il faudra en ce point renforcer la pièce pour qu'elle puisse résister aux efforts qui prennent naissance non seulement sous le poids mort mais aussi lorsque la construction est fouettée par un vent d'ouragan.

Sur la planche n° 63 nous avons donné divers types de ferme du système Espitallier-Wehrlin pour bien montrer tout le parti qu'on pouvait tirer de cette invention. Il est facile de voir qu'en aucun cas les éléments constitutifs ne peuvent être lourds, qu'ils sont interchangeables et d'un nombre aussi réduit que possible. Ces considérations ont une très grande importance, puisqu'elles permettent un montage rapide et cela par des ouvriers quelconques.

Pour les faibles portées (5 à 6 m.) on prend pour montants des tubes de serrurerie de 60 millimètres de diamètre extérieur, enfoncés de 0,50 à 0,60 dans le sol à travers une semelle à collerette en fonte. Le renforcement dont nous avons parlé plus haut se fait, s'il est nécessaire, au moyen d'une fourrure intérieure doublant l'épaisseur sur une longueur convenable.

Les sous-arbalétriers sont des tubes de 40 millimètres et pour les arbalétriers, qui n'ont à résister qu'à la traction, on prend les tubes de 35 millimètres de diamètre. Les pièces d'assemblage sont en acier coulé de façon à obtenir un poids moindre pour une même résistance.

Bien que la section circulaire ne soit pas la plus avantageuse pour résister à la flexion, on peut se servir des tubes pour constituer les pannes, tant que l'écartement des fermes ne dépasse pas 3 mètres. L'arbalétrier porte alors des pièces transversales, en forme de manchons, dans lesquelles s'engagent les extrémités des tubes. Au delà de 3 mètres on emploie des cornières et le manchon fixé sur l'arbalétrier porte des ailes d'attache ainsi que nous l'avons indiqué sur la planche n° 63.

Nous avons dit que la couverture se faisait avec de la tôle ondulée qu'il faut fixer sur les pannes ; on emploie à cet effet des crochets dont une extrémité est filetée, et pour éviter les filtrations on ne perce la tôle que sur les ondes saillantes en ayant soin de serrer l'écran sur une rondelle de plomb.

Ce mode d'attache a l'avantage de solidariser toutes les parties de la toiture, condition indispensable dans les pays à ouragan où les constructions Espitallier-Wehrlin ont déjà fait leurs preuves. On évite ainsi contreventement dans le plan supérieur.

Sur la même planche nous avons représenté une ferme et les détails de construction de l'un des pavillons construits par les inventeurs pour l'expédition de Madagascar.

Lorsque la portée dépasse 6 mètres il devient indispensable de renforcer les montants, on les constitue alors avec des fers profilés en double T ou en U, ou des fers zarés ou suivant la forme que nous donnons sur la planche n° 64. Dans le cas des fers double T l'âme peut être pleine ou à treillis et des fourrures permettent l'attache des diverses pièces de la ferme.

Sur cette même planche (n° 64) nous avons représenté un type de ferme à sous-tendeur, un second à contrefiche et enfin un troisième pour lequel la triangulation est obtenue par deux réseaux de contrefiche et tendeurs en fers cornières. Cette dernière étude a été faite pour un parc de matériel roulant d'artillerie, les divers détails en font aisément comprendre la construction, aussi ne nous y arrêtons-nous pas plus longtemps.

Les charpentes telles que nous venons de les décrire peuvent servir également d'ossatures à des constructions closes.

C'est ainsi que la ferme représentée planche 63 est une reproduction de celles du sanatorium de Nossi-Komba (Madagascar). La traverse comprend : 1° une ceinture de sablières basses embrassant les montants au droit des murailles ; 2° des longerons transversaux formant poutres dans le plan des fermes : 3° et enfin des solives en T espacées de 1 m. 20. Sablières et longerons sont composés de deux cornières jumelées à l'écartement de 0 m. 06.

Etant donné leur faible profil, ces diverses pièces doivent être soutenues par un certain nombre de tubes béquilles et contreventées par des contrefiches. Les pièces de la travure forment des cases de 3 mètres sur 1 m. 20 environ que l'on remplit avec des panneaux en bois qui servent à l'emballage des autres éléments. On réduit donc encore une fois le poids à transporter.

Les murailles sont à doubles parois avec vide intérieur de 6 à 8 centimètres ; l'écartement est maintenu par des montants auxiliaires en forme de double T. Ces montants espacés de mètre en mètre sont constitués par des profilés d'acier déliés par des entretoises métalliques. Les panneaux de 2 m. 40 à 3 mètres sur 1 mètre de largeur sont formés d'un tissu métallique recouvert d'un enduit impotasable et incombustible. Le plafond est constitué avec des panneaux analogues placés suivant la pente des sous arbalétriers.

On voit donc les grands services que l'on peut attendre du système Espitallier-Wehrlin dans toutes sortes de constructions et c'est ce qui justifie son emploi pour les colonies, ou les ambulances et tous autres baraquements.

Planche 65

—

JARDIN D'HIVER

1° *Comble*. Le comble est à 4 pans à arêtiers curvilignes ; ces arêtiers sont composés d'un fer plat de 90 × 11, flanqués de petites cornières 30 × 15, formant la feuillure du verre, et sont clavetés au sommet dans une petite lanterne en tôle de 6 millimètres de forme cylindrique, qui reçoit également les chevrons. Ces derniers sont en fer **T** 35 × 40, soutenus par des pannes extérieures en rond de 20 millimètres, assemblées sur les fermes et les arêtiers. Les fermes sont semblables aux arêtiers, mais d'un profil moins fort : plat 80 × 7 et **L** 30 × 15 ; elles se trouvent placées à l'aplomb de chaque montant d'arcature, il y en a donc 2 par pan de comble. Leurs extrémités supérieures s'assemblent à équerres sur les arêtiers. La retombée des arêtiers et des fermes est solidement assujettie au chéneau par des équerres en fer plat de 7 millimètres, décorées ou non. Pour couronner le tout, au faîtage, un poinçon en fer forgé de 25 × 11.

2° *Façades.* — Les façades sont composées : d'un chéneau avec frise en dessous, d'une partie vitrée et du soubassement. La figure 2 donne le plan, la figure 3 un détail, la figure 4 l'ensemble.

Détails. — Le chéneau est formé de tôles de 160 mm. × 3 mm. sur le devant, de 180 mm. × 3 mm. pour l'arrière et le fond, et décoré de moulures en fer, rosaces en fonte et baguettes en fer plat ; il est doublé en zinc n° 14 sur fausse pente bois ou plâtre. (Voir figure 4).

La frise sous chéneau (figure 5), est pleine, en tôle de 3 mm. assemblée sur des traverses en plat 40 × 11 et agrémentée de moulures 22 × 13 et de tables saillantes de 5 mm. Elle permet de placer à l'intérieur des stores dont elle reçoit les supports et cache les rouleaux.

La partie vitrée est composée de montants en fer plat de 45 × 16, habillés de L 30 × 15, formant feuillures des verres, traverses en plat 40 × 11, également habillés de L 30 × 15 ; de fers à vitrage verticaux et horizontaux en T 30 × 30.

Les montants d'angles sont en fer carré de 40 × 40. (Voir figure 6).

Les croisées sont à 2 vantaux en T inégaux, renforcés 35 × 27 × 11 et 35 × 25 × 9 (Nozal) ; elles sont comprises à gueule de loup, 3 paumelles par vantail, fermeture crémone ronde 11 mm., garniture fonte, battements 20 × 5 et 30 × 5. Petits congés en tôle dans les angles. Il y a 2 croisées sur chaque face du pavillon.

La porte est également à 2 vantaux en T inégaux, renforcés 40 × 30 × 14 et 40 × 27 × 11 (Nozal). Soubassement en tôle de 3 mm., moulures 22 × 13 (Nozal) et cadres appliques plat 25 × 5. (Voir fig. 7). Fermeture crémone ronde 16 mm., garniture fonte ou verrous en feuillures haut et bas et serrure bronze.

A la partie supérieure des façades, arcatures décoratives en carré 14 × 14, remplissage des pilastres d'angle en carré de 12 mm. × 12 mm., ainsi que les motifs au-dessus des baies.

———

Planche 66

GRILLE D'HOTEL PRIVÉ
PORTE VITRÉE INTÉRIEUR DE VESTIBULE

La planche n° 66 est composée de deux grilles de luxe.

L'une pour hôtel particulier, l'autre pouvant être appliquée à un passage de porte cochère ou à l'entrée couverte d'un grand vestibule, c'est-à-dire à l'intérieur de l'habitation.

La figure 1 où l'on sent une tendance vers le style moderne est caractérisée dès l'abord par ses gros montants de cadres, ils sont faits de 2 tôles de 3 millimètres montées sur des plats de 40 × 25.

Le cadre mobile des vantaux, côté paumelles, très larges aussi, est fait en tôle de 3 millimètres sur 2 faces vissées sur fers plats, le remplissage du milieu est analogue aux grilles qu'on fait depuis des siècles ; il est en fer carré de 22, tantôt droit, tantôt tordu et en fers plats étirés dont seuls le serrurier et l'étude en grandeur peuvent déterminer les dimensions.

Les quelques brindilles se forgent au sentiment, en fer rond étiré.

Les bagues et vases sont en fonte pleine. Les vases en particulier sont traversés par un goujon rond goupillé dans les 2 bouts du barreau carré du milieu.

Les feuilles rinceaux et rosaces des vantaux sont en tôle repoussée. Celles de l'imposte, pour obtenir plus d'effet, devraient être forgées en plein fer à la façon allemande, mais on peut également les faire en tôle.

Les panneaux pleins du soubassement sont essentiellement

composés de 2 tôles posées à vis sur une armature de fer carré. — Les appliques d'extérieur sont des moulures laminées.

Le revêtement du battement, côté extérieur, est en cuivre ou tôle repoussée en forme de torsade.

La figure 2, de style Louis XV, est une porte vitrée à 2 vantaux avec guichet à droite. Le cadre général est en carré de 40 ; les barreaux se font en carré de 22, les traverses en 40 × 20, les montants de guichet en 35 × 18 avec couvre-joint de 5 millimètres sur la face ; les soubassements en tôle de 3 millimètres à 2 faces montés sur armature et croisillons en fer carré.

On peut forger les ornements d'imposte en 20 × 14, 20 × 11 et conserver leur cadre en 22, y compris les volutes d'angle, les brindilles et tortillons sont en fer rond.

Pl. 24. — Portes de vestibule.

MM. Schwartz et Haumont successeurs de MM. Schwartz, Meurer et Bergeotte

E. Brandt ferronnier d'art.

Planche 67

—

VÉRANDAHS

La vérandah figure 1 est donnée sur un plan rectangulaire.

Le comble est à aération libre, avec vitrage partie droite sur le dessus et partie en vitrage courbe en 1/4 de cercle de la panne à U au chéneau.

La panne à ⊔ de 80 × 40 doit être ajourée de trous en forme de trèfle ou simplement de ronds percés à la poinçonneuse.

Le chêneau est en 3 tôles, l'une, d'arrière sert de ceinture et a 300 de haut sur 3 millimètres.

Celle de fond et celle de face ont chacune 180 et sont assemblées à l'intérieur par des cornières de 30.

Du côté extérieur, le chéneau est bordé par des moulures de 30 × 14, il est en outre porté par 8 consoles en fonte en face et sur angle.

L'armature des montants portant le comble et le chéneau est en fer carré de 40 pour les angles et 2 fer ⊔ 80 × 40 pour les montants de porte. L'intérieur de ces fers ⊔ se garnit de bois mouluré.

La porte est en fer plat de 30 × 18 comme cadre de la cornière de 35 × 18 et du T 30 × 25 pourle vitrage.

Le soubassement est en tôle de 3 monté sur cornière de 20 × 20 avec moulure cadre de 40 à l'extérieur.

Au bas de la porte existe une plinthe en tôle épaisse de 5 millimètres découpée et chanfreinée.

La moulure de cimaise peut se faire à volonté en zinc ou en fonte. Les cadres d'applique sur soubassement sont en fer plat.

La ventilation supplémentaire est assurée par des châssis à soufflet en fer ⊔ rainé montés sur quarts de cercles dans chacune des impostes sauf la porte.

Ces petites vérandahs peuvent, tout en conservant la façade de 2 m. 90 à 3 mètres qu'indique la planche, s'allonger indéfiniment si l'on a du terrain, mais dans ce cas il faut prévoir des fenêtres à hauteur d'appui sur les côtés latéraux.

La vérandah figure 2 est à plan hexagonal.

Le comble a 5 versants dont 2 sur pans coupés.

Le chéneau en zinc est porté par des supports forgés formant corne de bélier.

Les supports sont fixés sur une tôle de ceinture en 300 × 3.

Les fers d'angle qui portent le comble sont des fers spéciaux à Window 45 × 45 n° 403 Nozal; les seuls du commerce qui puissent s'employer dans les vérandahs hexagonales.

Les ornements de l'imposte de la porte seront en applique avec boutonnières pour les enlever à l'heure du nettoyage des glaces.

Les ornements (en fer carré de 11) des pans coupés et des faces latérales sont fixes et derrière eux s'ouvriront des châssis à soufflet comme dans la vérandah n° 1.

Le soubassement en tôle pleine et nue à l'extérieur est monté à l'intérieur sur cornière de 30 × 30.

Cette vérandah comme la précédente est donnée comme type et peut s'agrandir de quelques mètres sur tous sens sans avoir besoin de renforcer les fers sauf aux arêtiers du comble qu'on doublerait en-dessous.

La figure 1 du texte donne une coupe sur le chéneau de la vérandah de gauche.

»	2	»	»	une coupe sur la cimaise.
»	3	»	»	une coupe sur le chéneau de la vérandah de droite (art nouveau).
»	4	»	»	une coupe sur la cimaise.

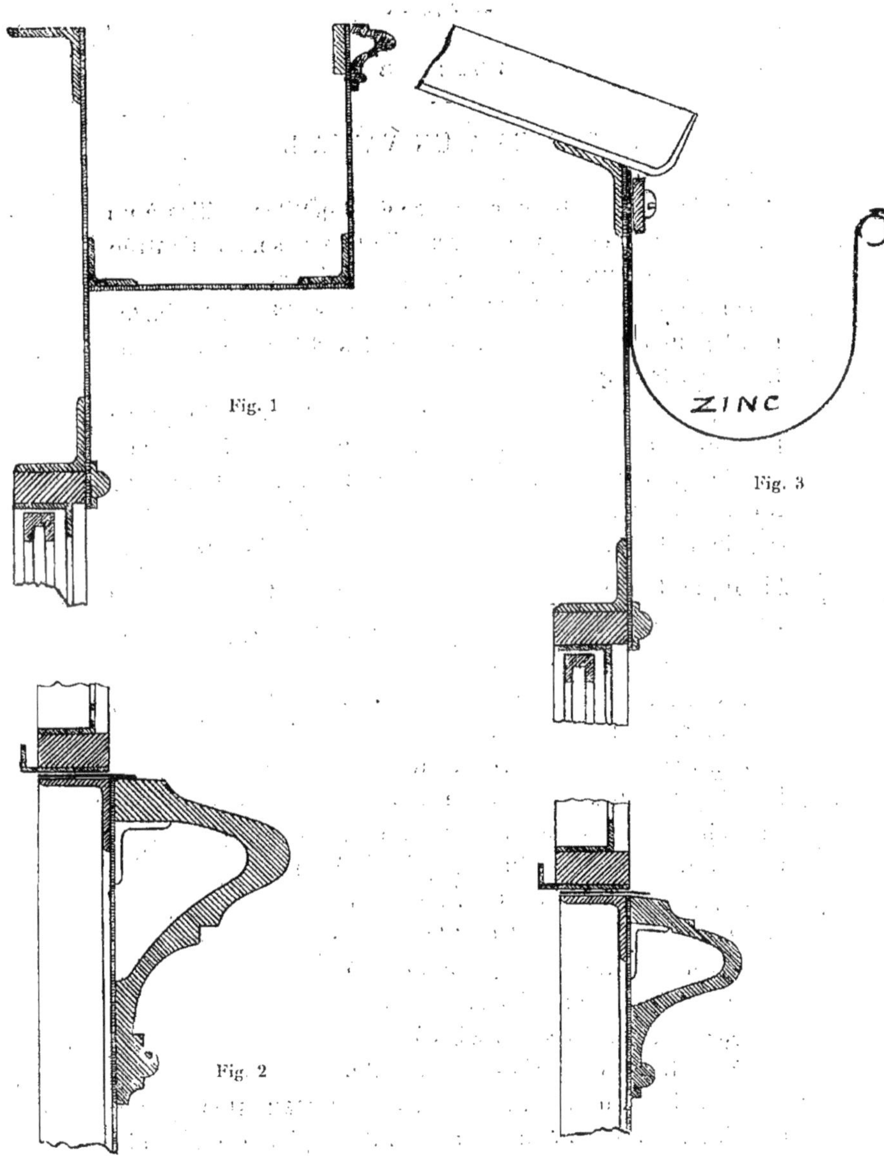

Pl. 25. — Détail des vérandahs, pl. 67 de l'atlas

Planche 68

PORTES A UN VANTAIL

La planche n° 68 se compose de 3 petites grilles à un vantail destinées l'une comme l'autre à servir d'entrée particulière à une propriété entourée de mur.

On a donné côte à côte 3 types très différents, justement pour en bien faire ressortir les différences essentielles en tant que style.

La première de style Renaissance est supposée posée au milieu d'un gros mur et en tableau (terme de métier).

Elle pivote sur une crapaudine et est maintenue par 2 colliers tourillons.

Elle bute sur des arrêts scellés, découpés (ainsi que l'indique la fig. 1) dans du T à large patin $\perp^{40}_{70}$ 70 × 40 par exemple, le patin posé à plat sur le mur : avec des scellements dits mouches.

Les traverses et montants sont en fer plat de 30 × 22 ou 23 à trous renflés pour celles du haut.

3 barreaux en carré de 22 ou 23 sont chantournés sur l'angle en haut, pour former lances et 2 autres alternés sont chantournés en vis sur environ 50 cm., pour intéresser l'œil au milieu du panneau supérieur.

Le panneau du bas est formé de rinceaux forgés posés dos à dos et remplissant tout le chassis.

La volute principale est en 25 × 16.

La secondaire en 25 × 11.

Les autres en 25 × 9 et 25 × 7.

Les colliers et bagues sont en fonte.

La grille du milieu (fig. 2) en art nouveau est supposee au milieu d'une grille fixe sur bahut en pierre, en façade sur une rue ou avenue luxueuse ; cette porte n'est, en effet, applicable qu'à une propriété riche, en raison de son prix relativement élevé.

Elle est ferrée sur 2 pilastres en 40 × 23 ; avec contreforts (non indiqués au dessin), au moyen de 3 grandes paumelles à 3 lames

Le vantail est tout entier en fer carré de 23, élégi et étiré suivant le dessin ; et les détails en 20 × 9 et 11.

Le dessin la représente du côté des paumelles afin qu'on s'explique la solidité des attaches malgré sa bizarrerie apparente.

Cette porte, à surface égale, a une valeur double des autres, à cause de la forge compliquée, des encollages, et des nombreuses entailles à mi-fer.

La tôle du bas en 4 mm. forme équerrage, la paumelle qui est en face fait fonction de pivot et porte par conséquent tout le poids de cette porte.

La 3e grille (fig. 3) forme comme la première un guichet d'entrée dans un mur plein, et se trouve posée en tableau, c'est-à-dire sans feuillure.

Elle est de style Louis XIII, plus sévère et moins compliquée que les autres, toutes les traverses sont en 40 × 23.

Les barreaux portant flamme forgée dans le haut sont en 22 carré.

Les ornements entre barreaux sont en 20 × 16.

Le panneau de soubassement est plein, en tôle de 3 montée sur cornière, côté intérieur, il est décoré d'un cadre, côté extérieur, en fer plat 30 × 5.

Cette grille est montée sur crapaudine et tenue avec des colliers en demi-rond de 50 × 20.

Elle bute comme la figure 1 sur des ⊥ à large patin scellés dans le mur.

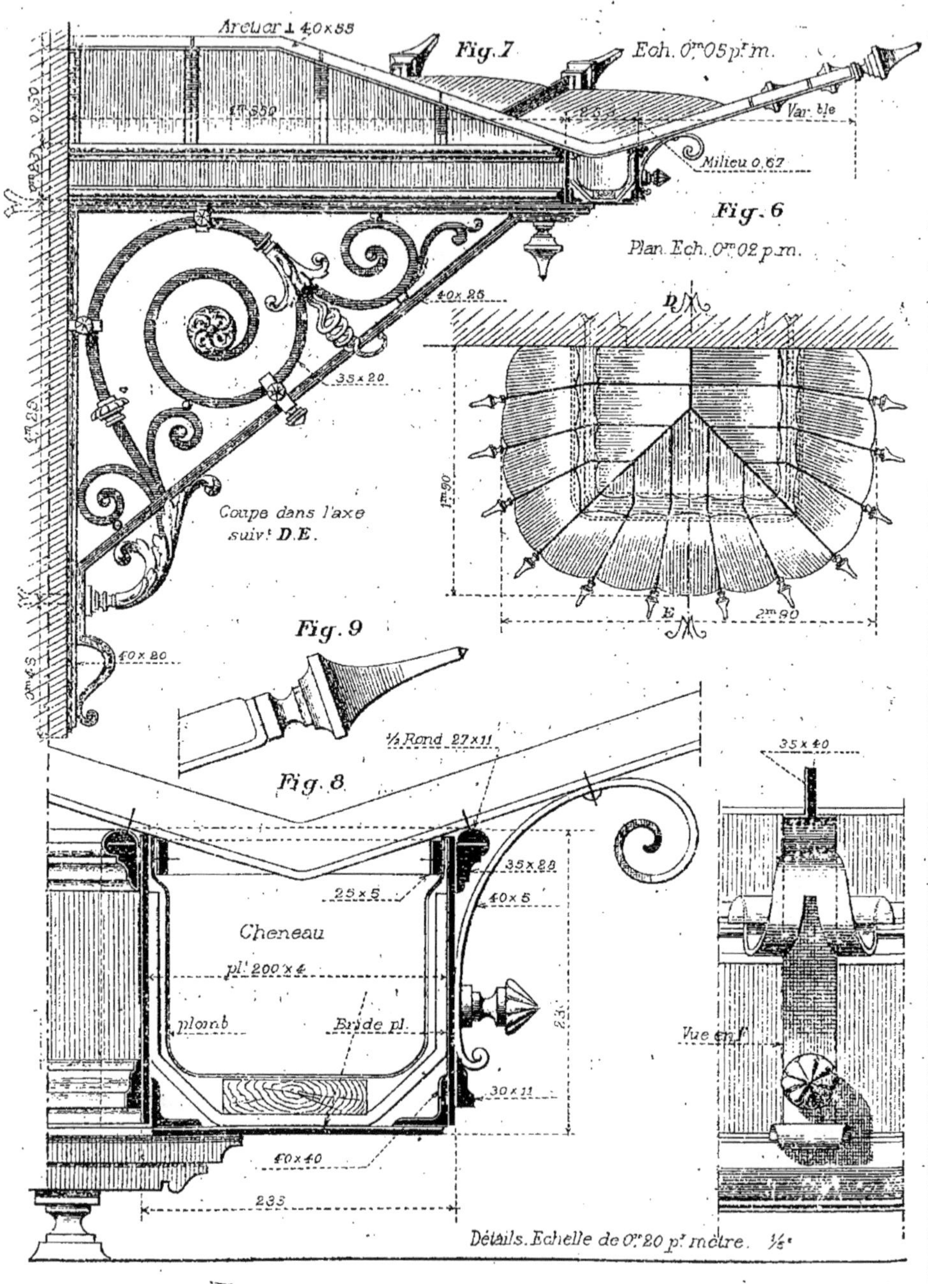

MARQUISE STYLE RENAISSANCE (DÉTAILS)

Pl. 43.

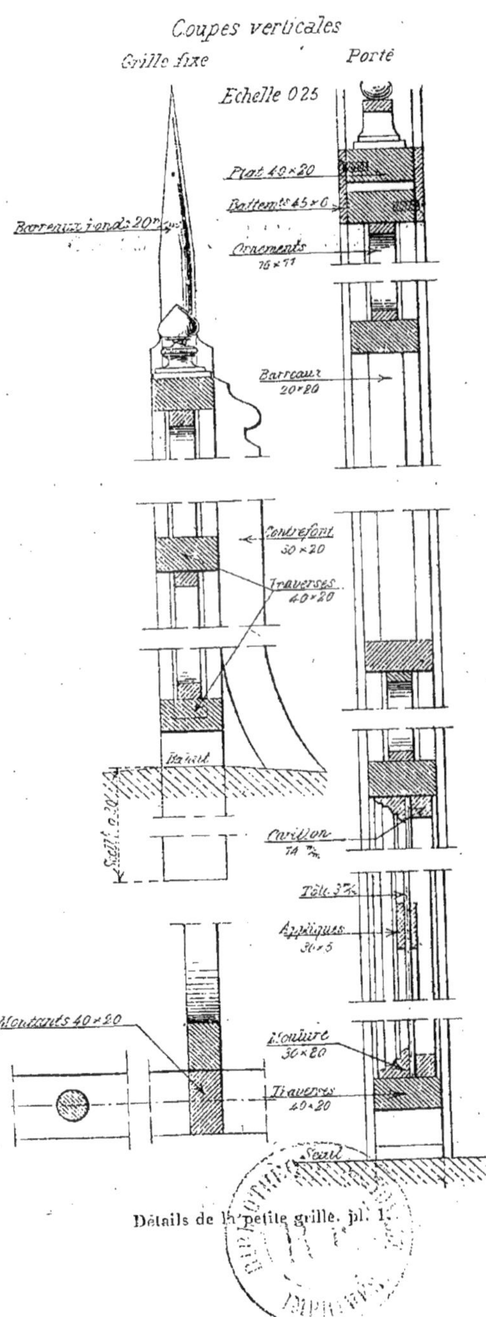

Détails de la petite grille, pl. 1.

TABLE DES MATIERES

TRAITÉ
DE SERRURERIE
ET
CONSTRUCTION EN FER

Par un Comité d'Ingénieurs, Constructeurs, Architectes, Professeurs de trait et de dessin de serrurerie

AVEC LE CONCOURS DE MM.

AGNEL, constructeur; BARBEROT, architecte; COULAROU, ingénieur; DELALOË, ingénieur; DUCASTEL, architecte; GAVEAU, dessinateur; GROU, dessinateur; Eug. LE MAIRE, architecte; L. LEPERCHE, ingénieur; MAZEROLLE, professeur de trait; MICHELIN, ✠, ingénieur-constructeur; MILLEZ, dessinateur; SERRAIRE frères, constructeurs, etc., etc.

Cette publication traite d'une manière très étendue la serrurerie en général ainsi que la construction métallique

UN CERTAIN NOMBRE DE PLANCHES SONT TIRÉES EN PLUSIEURS COULEURS

Ce traité est conçu suivant un plan tout particulier qui en fait un ouvrage d'une grande utilité et d'un genre absolument nouveau; il renferme toutes les matières susceptibles d'être traitées en serrurerie, depuis les premières leçons de géométrie jusqu'aux travaux les plus difficultueux comme épure et exécution.

La longue expérience et la valeur incontestable des auteurs qui ont bien voulu apporter leur concours à cette publication en fait une œuvre appelée à rendre de grands services, et sa place est marquée chez tous les ingénieurs, architectes, serruriers, constructeurs, chefs d'ateliers ou ouvriers, auxquels elle fournira, en même temps que de très intéressants types d'épures et de tracés, une grande variété de modèles et d'applications appropriés aux besoins et au goût de notre époque.

C'est ainsi qu'après les premiers éléments de géométrie elle traite d'une manière très étendue les différents travaux de serrurerie, tels que : barrières, volières, serres, kiosques, jardins d'hiver, réservoirs, portes de divers systèmes, entourages de tombes, clôtures d'églises, planchers, tirants, ancres, linteaux, poutres, filets, poitrails, baies, croisées, persiennes, impostes, panneaux de portes et de fenêtres, barreaudages divers, appliques, grilles de tous genres, ornements en fer forgé, balcons, appuis de fenêtres, devantures, marquises, vérandahs, bow-windows, passerelles, ponts, etc. ; de là, elle passe aux épures et tracés d'arêtiers, charpente mixte et charpente en fer, combles, hangars, fermes, abris, coupoles, marchés, gares, rampes, et se termine par les escaliers : échelle de meunier, escalier mixte à la française, escaliers à l'anglaise, à jour rond, à crémaillère et à limon, etc.

Chacune des démonstrations est donnée avec tous les plans, coupes, profils, détails, épures, tracés et rabattements, tant d'une manière générale que pour chacun des travaux en particulier.

Un fort volume de texte illustré de nombreuses figures accompagne les planches. Ce volume de texte comprend, outre l'explication de chacun des dessins, les renseignements qui peuvent être utiles en serrurerie sur les assemblages, rivetage, forgeage, emploi des fers, résistance des matériaux, etc., etc.

L'ouvrage complet forme un atlas de 112 planches (32 × 42), dont un certain nombre tirées en plusieurs couleurs, et un fort volume de texte descriptif et explicatif.

Prix de l'ouvrage complet . . . . . . 80 francs

Payable 15 francs comptant et 10 francs par mois

ENVOI GRATIS ET FRANCO DU PROSPECTUS ILLUSTRÉ

Les dessins très réduits que nous présentons ci-contre donneront une idée générale de l'ensemble de notre ouvrage

Extrait du *Traité de Serrurerie et Construction en fer*

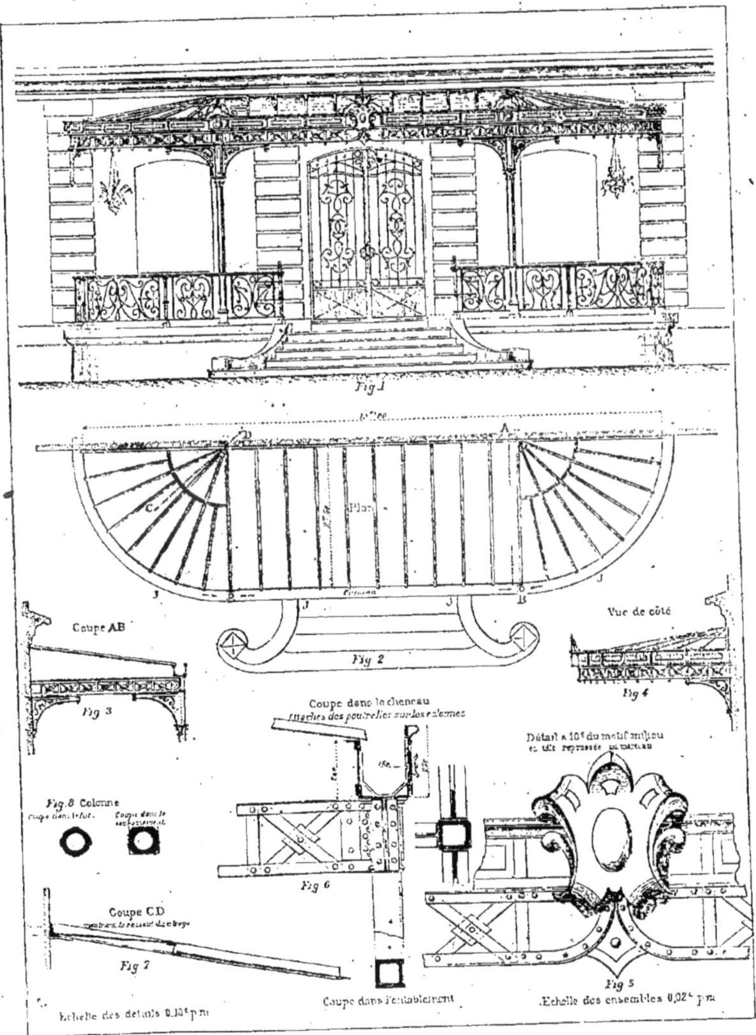

MARQUISE SUR COLONNES AU-DESSUS D'UN PERRON

(Dessin très réduit)

EXTRAIT DU *Traité de Serrurerie et Construction en fer*

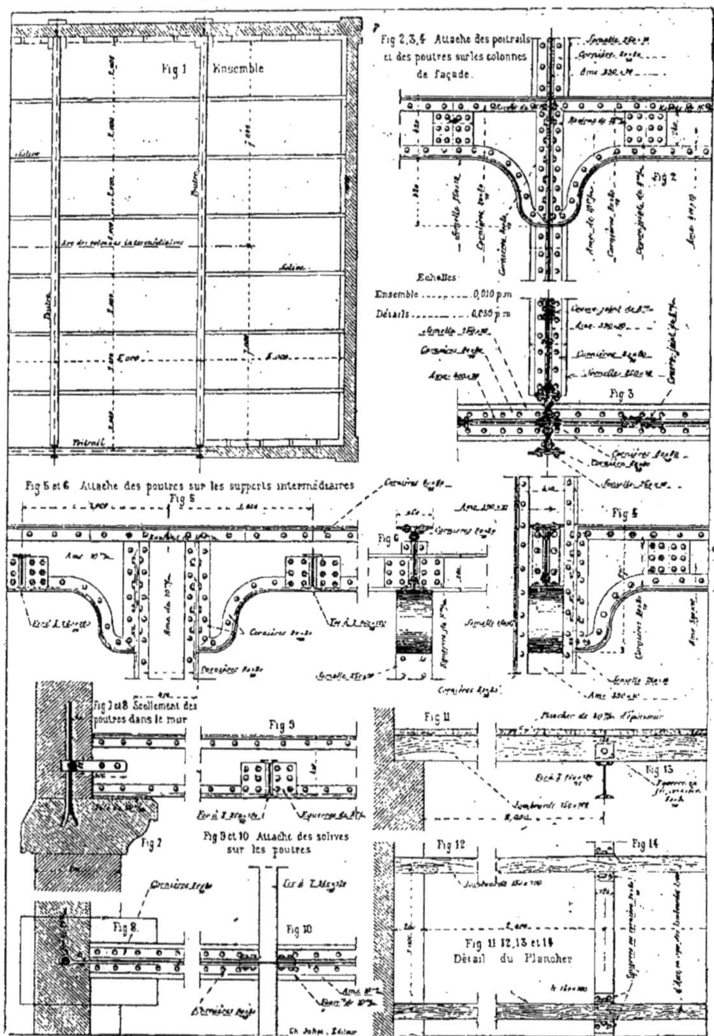

PLANCHER A SUPPORTS INTERMÉDIAIRES

(Dessin très réduit)

CH. JULIOT, Editeur, a DOURDAN (Seine-et-Oise)

NOUVEAU ROUBO

(L'Art de la Menuiserie)

Avec la collaboration d'Architectes, d'Entrepreneurs de menuiserie, Chefs d'ateliers, Professeurs de trait et de dessin de menuiserie ; et le concours des principales Ecoles professionnelles de France.

L'ouvrage complet : Atlas de 120 planches (31 × 41) accompagnées d'un fort volume de texte de plus de 600 pages illustré de nombreuses figures et d'un grand nombre de planches. Prix . . . . **85 fr.**

NOUVEAU SUPPLÉMENT ROUBO

Avec la collaboration d'Architectes, d'Entrepreneurs de menuiserie, Professeurs de trait et de dessin de menuiserie, Chefs d'ateliers, etc...

Cette nouvelle publication comprend l'étude complète des styles, des profils et des ordres d'architecture. Des travaux de tous genres et de tous styles y sont représentés, avec plans, coupes, détails, profils, etc...

Le style *Art nouveau* est largement représenté dans ce nouveau supplément.

L'ouvrage complet se compose : d'un atlas de 108 planches (31 × 41) dont un certain nombre en plusieurs couleurs. Un fort volume de texte descriptif et explicatif orné de 50 planches et de nombreux dessins accompagne l'atlas. Prix. . . . . . . **65 fr.**

LA MENUISERIE MODERNE

(Compositions nouvelles)

Par L. Bertin, dessinateur spécial en menuiserie, ancien chef d'atelier ; avec le concours d'Architectes, Entrepreneurs de menuiserie, Professeurs de dessin de menuiserie, Métreurs, Sculpteurs, etc...

Conçue suivant un plan tout particulier et entièrement inédit, cette publication traite la *Menuiserie de style* au point de vue de ses applications modernes, depuis la période ogivale jusqu'au style Louis XVI pour se terminer par une étude complète et très étendue sur la *Menuiserie moderne* proprement dite.

Travaux absolument pratiques et d'une application fréquente tels que : portes cochères, portes bâtardes, portes d'intérieur et vestibule, fenêtres, cheminées, bibliothèques, salles à manger, salons, lambris, plafonds, barrières d'appui, balustrades, clôture, d'intérieur, devantures, étalages et agencements de magasins de pharmacies, modes, tailleur, coiffeur, chemiserie, etc., caisses, bancs, comptoirs, vitrines, etc...

L'ouvrage complet : atlas de 112 planches (32 × 42) imprimées sur beau papier et en plusieurs couleurs pour quelques-unes, texte explicatif illustré et devis détaillés. Prix. . . . . **90 fr.**

SUPPLÉMENT A LA MENUISERIE MODERNE

(Menuiserie nouvelle et pittoresque)

Par L. Bertin, dessinateur spécial en Menuiserie, auteur de la *Menuiserie moderne.* Avec le concours d'Architectes, Professeurs de dessin de menuiserie, Entrepreneurs de menuiserie, Métreurs, etc...

Dans ce nouvel ouvrage, nous publions des travaux et modèles simples, tout en conservant un certain cachet dans leur arrangement, et qui se font journellement comme **Menuiserie moderne, Menuiserie pittoresque** et **Bois découpé.** C'est ainsi que nous donnons un grand nombre de documents absolument pratique et de bon goût, tels que : châlets, villas, kiosques, petites maisons rustiques, habitations diverses, rendez-vous de chasse, maisons de garde, pigeonniers, poulaillers, volières, écuries, remises, abris, bureaux d'omnibus, kiosques à journaux, pignons, balcons, perrons, auvents, entrées, portiques, barrières, portes charretières et de jardin, palissades extérieures, clôtures, rampes d'escaliers, bows. *Bois découpé* : consoles, balustres, culots, têtes de poteaux, panneaux de portes, panneaux de balcons, de cloisons, crêtes, lambrequins, frises, liens, etc. ; de la *Menuiserie intérieure* comme : portes, plafonds, lambris, séparations, cloisons pour administration, bureau, café, restaurant, etc.

Toutes nos planches sont tirées à plusieurs couleurs, afin que l'on puisse bien se rendre compte de ce que peut donner l'effet des travaux de ce genre.

L'ouvrage complet : 40 planches dessinées à l'échelle et tirées en plusieurs couleurs (32 × 42), imprimées sur beau papier, avec texte illustré et devis détaillés. Prix pour les premiers souscripteurs . . . . **55 fr.**

IMP. LECHEVREL, MAYENNE.

www.ingramcontent.com/pod-product-compliance
Ingram Content Group UK Ltd.
Pitfield, Milton Keynes, MK11 3LW, UK
UKHW020602180726
13838UKWH00001B/378

9 782329 036823